青山着意化为桥

—— 临沂新桥中学校园文化解读

全宗旭　编著

吉林出版集团股份有限公司

图书在版编目（CIP）数据

青山着意化为桥 / 全宗旭编著 . — 长春：吉林出版集团股份有限公司, 2021.9
ISBN 978-7-5731-0413-7

Ⅰ.①青… Ⅱ.①全… Ⅲ.①中学 – 校园文化 – 建设 – 研究 – 临沂 Ⅳ.①G637

中国版本图书馆 CIP 数据核字 (2021) 第 183659 号

QINGSHAN ZHUOYI HUA WEI QIAO
青山着意化为桥

作　　者 / 全宗旭　编著

责任编辑 / 张　杰
责任校对 / 范德利
封面设计 / 瑞天书刊
开　　本 / 710mm×1000mm　1/16
字　　数 / 170 千字
印　　张 / 11.5
印　　数 / 1-1000 册
版　　次 / 2021 年 9 月第 1 版
印　　次 / 2021 年 9 月第 1 次印刷

出　　版 / 吉林出版集团股份有限公司
发　　行 / 吉林音像出版社有限责任公司
地　　址 / 吉林省长春市净月区福祉大路 5788 号出版大厦 A 座 13 层
电　　话 / 0431-81629660
印　　刷 / 济南文达印务有限公司

ISBN 978-7-5731-0413-7　　　定价 / 45.00 元

编　委

（以姓氏笔画为序）

王立功　王京礼　石少友　李玉峰　杨远名

杨洪祥　杨晓欢　狄焕平　张仁锴　张庆永

张贵爱　陈功玲　贺文杰　续宗纪

序 言

让优秀的学校文化成为无声的教科书

张兴华

"优秀的学校文化不是自然生成的，是全校师生同心营造的，因为文化有先进与落后之分、高雅和低俗之别。"中国教育学会名誉会长、北京师范大学资深教授、博士生导师顾明远先生的这一观点，点明了营造优秀学校文化的路径。只有全校师生同心同德同向、用心用力用情，学校文化才能走向成熟和优秀。在沂蒙革命老区，有一所偏远乡村中学，这所中学被当地群众称为"心中最美乡村中学"，这所中学就是临沂新桥中学。该校的成长过程，再次印证了顾先生的这一观点。

临沂新桥中学校长全宗旭是一位富有理想和激情，善于激发和调动全校师生积极性的"领头雁"。记得2020年春天，在新冠疫情稍微平稳的缝隙，他就诚邀我们到校座谈和探讨学校文化建设问题。据他介绍，在2019年8月之前，该校就做"桥文化"的课题探究，成立了同"桥文化"相关联的36个社团，"桥文化"元素充盈着校园，颇有一定的影响力，只是处于"琐碎的、不成体系的"状态。"如何找到一条优秀学校文化建设的主线，彰显贯穿始终的办学思想和办学灵魂"，成为新时代学校实现高质量跃升亟待研究的重大课题。

经过潜心研究、深入探讨和积极实践，临沂新桥中学终于确立了"守正创新、攻坚化桥"的办学思想，将"化桥文化"作为特色文化品牌来打造。从此，"化桥文化"真正渗透到全校教育教学的方方面面，学校育人环境和师生面貌焕然一新。

学校领导班子通过走访慰问老教师、举行退休教师座谈会、每月给在职教师过生日等活动，为教师搭起了"关怀桥"；定期组织各科教师开展集备和教研活动，并组织教师外出培训学习，给教师搭起了"成长桥"；校长及业务教干时常"推门听课",每周定期检查教师的教学常规材料,给教师搭起了一座"督促桥"。

学校党支部组织党员教师进行"灯塔在线"学习,开展"文明创建、志愿服务"活动,到红色教育基地接受洗礼,践行"守初心、践使命、促发展"等活动,党员教师搭起了"初心桥"。全体教干、班主任,在每周一早入校和每周五放学等时段,自觉在学校大门口维持秩序,搭起了一座"自觉桥"。骨干教师给青年教师上示范课、公开课,搭起了"示范桥"。

该校还开启了"化桥课程"探究,调动起了学生自主学习、探究学习、合作学习的积极性。以社团的形式,组织学生开展"桥的泥塑、剪纸、绘画,桥故事汇,积木搭桥"等美育活动。一系列的"化桥德育、化桥课堂、化桥体育、化桥美育、化桥劳动",使学生的德智体美劳得到了全面发展。近年来的实践证明,这种全校师生共同营造的学校文化已经成为一本无声的教科书。

在当前深入开展党史教育、进一步挖掘校史育人资源的新形势下,临沂新桥中学领导班子,立足建校52周年的办学历史,在有关专家的指导下,为总结、解读学校"桥文化",推动学校高质量发展,编辑成"记录新桥人改革足迹"的《青山着意化为桥》。

有了《青山着意化为桥》,临沂新桥中学就有了自己系统的而不是零散的、独到的而不是跟风的校园文化——化桥文化。化桥文化的核心是"桥文化","桥文化"的精神体现在四个方面:逢山开路、遇水搭桥的奋斗精神;一丝不苟、精益求精的科学精神;不计名利、甘为人梯的奉献精神;因势利导、顺势而为的开拓精神。其内涵体现在三个方面:格局大的成事之美,底蕴深的成文之美,境界高的成人之美。而这四种精神和三个格局,正是新时代我们的学校高质量发展所急需的。

从这个意义上说,《青山着意化为桥》的出版、发行,必定能引领临沂新桥中学在"打造最美乡村中学"的道路上昂首阔步前行。

《青山着意化为桥》总计近11万字,分为"理念文化、校史文化、党团文化、德育文化、教研文化、社团文化、政务文化、人文文化"八章,分别对学校的办学理念、学校的发展历史、学校的党团建设、德育教育、教育教学教研、社团活动及发展、政务教育、人文关怀等,逐一进行了介绍、解读。其中的"理念文化"颇为亮眼。

  优秀学校文化作为一种环境教育力量，对学生的健康成长有着巨大的影响。相信《青山着意化为桥》能给临沂新桥中学创建浓厚的"化桥"氛围，以陶冶学生的情操，构筑健康的人格，全面提高学生素质，促使学生成功"化桥"。

  《青山着意化为桥》是临沂新桥中学高质量发展的集中反映，她将为学校树立起完整的文化形象，赋予师生独立的人格、独立的精神，激励师生不断反思、不断超越。

2021年3月　于泉城

目 录

第一章 理念文化 ... 1
- 第一节 学校文化应是学校高质量发展的"生长力" ... 1
- 第二节 守正创新 攻坚化桥 ... 3
- 第三节 打造"化桥文化"特色品牌 ... 6
- 第四节 红雨随心翻作浪 青山着意化为桥 ... 7
- 第五节 "化桥"教育，师生合力化"新"桥 ... 11
- 第六节 "风景这边独好" ... 13

第二章 校史文化 ... 16
- 第一节 新桥中学赋 ... 16
- 第二节 在这里 ... 18
- 第三节 学校概况 ... 19
- 第四节 治校方略 ... 19
- 第五节 临沂新桥中学教师誓词 ... 22
- 第六节 学校历任党支部书记、校长 ... 22
- 第七节 德高望重的退休教师 ... 23
- 第八节 优秀校友 ... 24
- 第九节 临沂新桥中学发展综述 ... 42
- 第十节 新桥中学组织架构及校园布置 ... 59
- 第十一节 临沂新桥中学大事记 ... 61

第三章 党团文化 ... 65
- 第一节 党的建设活动集萃 ... 66
- 第二节 团队建设活动集萃 ... 78

第四章 德育文化 ... 85
- 第一节 德育成果 ... 85

1

第二节　用"桥文化"打造思政教育"大课堂" ……………… 86
　　第三节　我校德育活动丰富多彩 ……………………………… 88
　　第四节　"英模"教师 …………………………………………… 95
　　第五节　优秀学子 ……………………………………………… 96
　　第六节　一位乡村教师的一肩三挑 …………………………… 97
　　第七节　有"心"之人
　　　　　　——记临沂市兰山区临沂新桥中学班主任杨晓欢 ……… 101
　　第八节　一位年轻党员教师防疫抗疫的风采 ………………… 104

第五章　教研文化 …………………………………………………… 106
　　第一节　教科研成果 …………………………………………… 106
　　第二节　教改成果 ……………………………………………… 111
　　第三节　我校学生创意素养能力强 …………………………… 119
　　第四节　体育及艺术成果展 …………………………………… 121
　　第五节　独领风骚的办学特色 ………………………………… 122
　　第六节　科研兴校 ……………………………………………… 126
　　第七节　我校历年招生、毕业情况表 ………………………… 126
　　第八节　媒体关注 ……………………………………………… 128

第六章　社团文化 …………………………………………………… 138
　　第一节　开展卓越课程　开启卓越人生 ……………………… 138
　　第二节　卓越课程展风采　开放活动促成长 ………………… 141
　　第三节　媒体关注 ……………………………………………… 142

第七章　政务文化 …………………………………………………… 146
　　第一节　平安校园建设消息集萃 ……………………………… 146
　　第二节　家校合作共育 ………………………………………… 153
　　第三节　文明校园创建 ………………………………………… 159

第八章　人文文化 …………………………………………………… 166
　　第一节　浓浓敬老情 …………………………………………… 166
　　第二节　我校开展重阳节走访老教师活动 …………………… 168
　　第三节　我校举行支教教师欢送会 …………………………… 169

第四节　我校举行教师集体生日会 …………………………… 170

第五节　我校组织收看"小屋见大爱 '喂'爱加油——世界母乳
　　　　喂养周宣传活动"现场直播 ………………………… 171

第六节　"希望小屋"捐赠仪式在我校举行 …………………… 172

后　记 ………………………………………………………………… 173

第一章 理念文化

第一节 学校文化应是学校高质量发展的"生长力"

临沂新桥中学是地处临沂市兰山区西北角的一所偏远乡村中学。在我担任校长之前,学校就将"桥文化"确定为学校文化建设的主体,但缺乏系统的设计和一以贯之的文化灵魂。于是,我和教师们一起对学校的楼宇、道路、门牌进行了命名,重新设计了校徽,使其全部蕴含"桥文化"的含义。

学校文化是一种价值认同。那么,学校文化如何与办学理念相融通,赋予学校文化旺盛的生长力,产生影响学校教育环境、影响教师和学生的力量,进而促进学校高质量发展?有一位老教师说:"让老师们深深扎根在乡村教育这片沃土上,做立德树人的搭桥之师。"一名学生说:"我们踩着老师们用脊背搭起的'人桥'前进,力争成为德智体美劳全面发展的学生。"我们汇聚师生的智慧和思考,决定把"化桥"文化作为学校文化。

不论从哪一方面讲,乡村学校与城区学校都有差距。如何让教师们愿意扎根乡村教育这片沃土,做学生成长之桥,用自己的努力和智慧成就学生呢?学校开展了月度及年度"身边的十大榜样"评选活动。学校用喷绘展板的形式,把当选教师的照片和事迹在校园里展出,进行广泛宣传。年终,在全校师生及家长参加的大会上,当选"身边的十大榜样"的教师披红戴花上台领奖。在学生和家长的热烈掌声中,优秀教师感受到了做教师的幸福。不仅如此,每个月末，我带领校领导班子成员一起把本月过生日的教师召集到一起，搞一个简朴的生日聚会，祝福教师们生日快乐。每年都有一批老教师退休，我和几位校级干部一起把本年度退休的教师召集到一起，开一个简朴的座谈会。重阳节，我还带领校领导班子成员一起走访退休教师。

学校积极发展多种社团，引导鼓励学生参加社团活动，在活动中发现特长、发展特长，让社团成为学生的进步之桥、发展之桥、成功之桥。

两位即将退休的老教师创办了"心之桥"文学社，利用课外活动时间辅导学生，使90余名热爱写作学生的写作水平有了质的提升。一年多的时间，学生们在报刊及网络媒体上发表作品270余篇，其中有27名学生加入临沂市作家协会。

青年女教师姜自波酷爱创客活动，她与几名同事创办了创客社团、机器人社团、3D打印社团。她带领的90余名学生在临沂市兰山区中小学创意素养能力竞赛中大显身手，全部获奖；学校也获得了优秀组织奖。

女教师杨晓欢酷爱非遗，就联合3位教师创办了折纸、绘制京剧脸谱等社团。在她们的精心指导下，学生们的作品多次在媒体上发表。

教师刘洪申酷爱书法，姚鲁卉酷爱音乐。在我的建议下，这两位教师组建了书法、舞蹈、竖笛等特色社团。短短一年时间，书法社团部分学生的作品被学校校史办收藏；舞蹈、竖笛社团的学生在学校的文艺舞台上展示了自己的才艺，赢得了师生的掌声。

如何为学生搭建德智体美劳全面发展的桥梁？学校根据乡村中学办学实际改革课程和教学，不断创新教育教学方法，为学生健康成长搭建立交桥。

学校自2017年秋开始打造"智慧课堂"，让学生愿意学习、善于学习。为提高智慧课堂的有效性，我和教师们探究出了"361"智慧课堂教学模式。为调动教师"教"和学生"学"的积极性，我们成功申报了"中小学教育质量综合评价项目领衔实验学校"这一国家级区域性实验项目。同时，开展基于"低重心教学策略"下的"化桥课堂"探究，逐步完善由"化桥课堂""化桥德育""化桥体育""化桥美育""化桥劳动"等构成的化桥课程体系，全面提升乡村学生的核心素养，提高教育教学质量。

为了拓展学生的学习空间，使其在实践中学习和成长，学校积极搭建方便学生走出去的桥梁，让他们走进社会大课堂。我校地处蒙山腹地，孟良崮战役纪念馆、大青山胜利突围纪念馆、《沂蒙山小调》诞生地等与学校近在咫尺，临沂是著名的智慧物流城，小商品批发城闻名全国。这些活生生的教材都是让学生接受红色教育、沂蒙精神教育的好载体。每个月末，我们都会组织全校54个优秀学习小组的学生接受革命传统教育，亲身感受改革开放给革命老区带来的巨大变化。此外，学校还组织学生到兰陵农业科技示范园、临沂大学东朱汪有机蔬菜种植示范基地体验学习，让学生开眼界、长见识。

培育学校文化精神的过程既是我们发现和思考教育的过程，也是促进学生成长和发展的过程。在这个过程中，我和教师们对学校文化内涵以及学校文化的力量有了更深入的了解和思考。

基于上述实践与思考，我们最终决定将学校文化确立为"化桥文化"，寓意为"青山着意化为桥"。

第二节　守正创新　攻坚化桥

如何推动一所乡村中学实现高质量发展？经过一段时间与思考，我们决定打造我们的"特色+品牌"的学校文化：化桥文化。

要想让"化桥文化"落地生根、开花结果，就必须有一个办学灵魂（思想）为我们"把好方向盘"。在有关专家的指导下，经过梳理我们的实践与思考，帮我们确立了我们的办学灵魂（思想）：守正创新、攻坚化桥。

● 守正谋篇是根本

不可否认，受诸多条件的制约，乡村学校要想实现高质量发展，难度极大，但是，只要恪守正道，统筹谋划乡村学校发展的良策，就会为推动乡村学校实现高质量发展打下牢固的根基。因此，于学校而言，着力培养优秀的社会主义事业的建设者和接班人是正道；于教师而言，做一名优秀的立德树人的搭桥之师是正道；于学生而言，"踩"着教师用"脊背"搭起的"人桥"，使德智体美劳得到全面发展是正道。守住上述正道，就是守住了振兴乡村学校高质量发展的"大堤"。所以，教育教学的优秀传统，必须"守正"；社会主义核心价值观、井冈山精神、延安精神、西柏坡精神、沂蒙精神……必须弘扬；以临沂物流城、临沂小商品批发城为代表的"乡土气息浓郁"的改革开放发展成果，我们必须传承……凡此种种，必须以多形式的"思政课"深深根植于师生的心田。如此，推动乡村学校实现高质量发展，也就指日可待了。基于以上思考，我们"展望"了临沂新桥中学的辉煌前景——打造最美乡村中学，向美而行，向善而行。

● 创新驱动是源泉

创新驱动，是实现乡村学校高质量发展的源泉。培育创新人才，是新时代赋予我们教育工作者的神圣使命。随着时代的发展，如今的教育教学正发生着深刻的嬗变，培养创新型人才，是新时代乡村教育的主旋律，唱响这个主旋律的舞台，就在教育教学变革的主战场上。

智慧课堂是这个主战场的"代表作"，更是乡村孩子实现公平而有质量的教育取之不竭的源泉。因此，临沂新桥中学的"361"实效智慧课堂教学模式，让乡村孩子得到了公平而有质量的教育；"基于低重心教学策略"下的"化桥课堂"探究，让乡村孩子学会了探究学习、自主学习、合作学习；申报"中小学教育质量综合评价项目领衔实验学校"这一国家级的区域性实验项目，从根本上调动起了乡村孩子探究学习、自主学习、合作学习的积极性。饮一捧这样的源泉之水，教师会"智慧"地教，学生会"智慧"地学。师生"智慧"地互动、碰撞，定会擦出创新的火花。有了创新的火花，创新之火的燎原之势就在明天。

● 攻坚克难是动力

"读死书、死读书"是乡村孩子被动学习的顽疾。

如何根除顽疾？张扬学生的个性，是一剂良药。

如何张扬学生的个性？根据乡村孩子的特点，因地制宜、因材施教地开展各类社团活动，绝对能收到事半功倍的成效。

有的学生酷爱橄榄球，受师资等条件的制约，社团活动难以开展，曾多次走进"临沂海棠橄榄球俱乐部有限公司"，聘请外教。起初，他们以路途遥远、交通不便拒绝了我们。最终，禁不住"三顾茅庐"，被诚心所打动，答应做外教，今年暑假，临沂新桥中学的男、女两支学生橄榄球队成立了。外教精心施教，学生潜心训练，短短数月时间，就取得了不菲的成绩。今年9月，男、女两支橄榄球队参加了由临沂市教育局、临沂市体育总会主办，临沂市橄榄球运动协会承办的临沂市第十届全民健身运动会"中临建社杯"橄榄球比赛，获男子乙组盘级冠军、女子乙组碗级冠军。

实际上，这只是在张扬学生个性中攻坚克难的一个缩影。只要能让学生的个性得到张扬，把困难化作动力，有条件上，没有条件创造条件也要上。兴趣是最好的老师，社团活动的开展，不但让乡村孩子的动手能力得到了加强，更挖掘出了他们善于思考、勤于思考的潜能。有了这个潜能，会反哺课堂上的孩子，让他们展翅遨游在知识的天空。

● "化桥"教育是核心

临沂新桥中学的"桥文化"催生了"化桥"校园文化。

"化桥"教育的核心就是师生着意化作成全他人之美的桥梁，美美与共，成人达己；它给师生搭起成长、发展、成功的广交桥、立交桥；让教师做立德树人之师；让学生的德智体美劳得到全面发展。于是，我们临沂新桥中学在"守正创新、攻坚化桥"这一办学思想的指导下，奔着"打造最美乡村中学，向美而行，向善而行"的目标前进。为了实现这个目标，遵循教育发展规律，落实"一二十"的发展策略，强力推进各项工作的开展。

这样"化桥"，定会实现临沂新桥中学的"文化立校、质量兴校、品牌强校"的三步走战略目标，提升办学品质，引领学校驶向新时代高质量发展的"快车道"。

第三节 打造"化桥文化"特色品牌

在"守正创新、攻坚化桥"的办学思想指导下,我们临沂新桥中学必须将"化桥文化"作为特色校园文化品牌来打造。

● 要让校园荡漾"化桥文化"元素

如何将"化桥文化"让全校师生既"看得见、摸得着",又能入脑入心呢?我们要将"守正创新、攻坚化桥"办学思想及"打造最美乡村中学,向美而行"的办学目标,制作成黄色的"鎏金"大字,置于学校大门口的立柱上,让蕴含着"化桥文化"教育内涵的办学思想醒目地呈现在师生面前。

我们必须提炼出"化桥文化"的教育精神,要将这种教育精神"立体"地呈现在学校楼宇的墙体上。全校师生每每路过此处,一定能默读于心。

最好的诵读莫过于"心间"。对此,我们必须重新设计能直观体现"化桥文化"教育内涵和教育精神的校徽,"张贴"在化桥楼的正中间,"黏贴"在学生的校服上、帽子上。

我们还要精心制作"桥汇古今、通向未来"的大型喷绘及电子屏幕,这样,一座座凝聚着全校师生勤劳与智慧的"桥"就会呈现在教职员工面前,禁不住让人感慨:教育的功能与职责应是"化桥",教师是搭桥之师,学生是德智体美劳得到全面发展的跨越之生。

● 让师生发扬"化桥文化"精神

整个校园处处充满"化桥文化"的元素,只是打造出了"化桥文化"的"面子";让全校师生在日常"教"与"学"的活动中,传承和发扬"化桥文化"精神,是打造"化桥文化"的"里子"。如何打造"化桥文化"的"里子"?我们要通过教师和学生两个层面开展一系列的"化桥文化"活动。

学校领导班子通过走访慰问老教师、开展退休教师座谈会、每月给在职教师过生日等活动，为教师搭起"关怀桥"；定期组织各科教师开展集体备课和教研活动，并组织教师外出培训学习，给教师搭起"成长桥"；校长及业务教干时常开展"推门听课"活动，每周定期检查教师的教学常规材料，给教师搭起"督促桥"。

学校党支部组织党员教师进行"党员灯塔在线"学习，开展"文明创建、志愿服务"，到红色教育基地接受洗礼，践行"守初心、践使命、促发展"等活动，给党员教师搭起"初心桥"；全体教干、班主任，在每周一早入校和每周五放学等时段，自觉在学校大门口维持秩序，搭起"自觉桥"；骨干教师给青年教师上示范课、公开课，搭起"示范桥"。

我们组织学生到镇敬老院等地开展志愿服务活动，并经常组织学生参加"开展红色教育、传承红色经典"等活动。充分发挥"361"实效智慧课堂模式的作用，积极申报、参加"中小学教育质量综合评价"这一国家级区域性实验项目及"低重心教学策略"下的"化桥课程"探究，调动学生自主学习、探究学习、合作学习的积极性。以社团的形式，组织学生开展"桥的泥塑、剪纸、绘画，桥故事汇，积木搭桥"等美育活动。一日三餐，组织学生到学生餐厅体验餐饮师傅的劳动艰辛。

接地气的"化桥文化"活动，是师生传承和发扬"化桥文化"的催化剂和助推器。假以时日，我们临沂新桥中学的"化桥文化"必定芳香四溢。

第四节　红雨随心翻作浪　青山着意化为桥

由于受师资、生源等因素制约，我们临沂新桥中学想要实现高质量发展，困难重重。为加快扭转现状，改变部分教师懈怠、生源不足、教学质量滞后、社会声誉不高的局面，我们临沂新桥中学结合地理位置优势，以"奋斗、奉献、科学、开拓"的"桥梁精神"为引领，通过构建理念文化、行为文化、制度文化、课程文化、环境文化等校园文化体系，打造主题鲜明的校园文化品牌，让"化桥文化"成为促进学校可持续发展的新源泉、新动力。

● 以"桥"润人，师生共成长

毛主席曾在《七律二首·送瘟神·其二》中写道："红雨随心翻作浪，青山着意化为桥。"习近平总书记在港珠澳大桥开通仪式上的讲话中也指出，这是一座圆梦桥、同心桥、自信桥、复兴桥。桥梁具有连接、汇通、承载、跨越的重要功能。基于这些功能，临沂新桥中学提炼出"桥"的四种精神（逢山开路、遇水搭桥的奋斗精神，一丝不苟、精益求精的科学精神，不计名利、甘为人梯的奉献精神，因势利导、顺势而为的开拓精神）和三种内涵（格局大的成事之美，底蕴深的成文之美，境界高的成人之美），力求以"化桥文化"引领学校教学质量的提高，打造最美乡村中学，让每一个生命都精彩绽放。

在"桥梁精神"引领下，在"守正创新、攻坚化桥"办学思想指导下，我们充分挖掘了"化桥文化"的精神内涵。所谓"守正"，就是用红色基因及优秀传统文化武装全校师生的头脑；"创新"，就是让创新教育理念、教育教学技巧和合作学习、创新学习的思想深深根植于全校师生的心田，推动学校与时俱进、改革创新；"攻坚"，就是全校师生在学校党支部的带领下，群体作战、攻坚克难，创造新桥中学的教育奇迹；"化桥"，就是师生着意化为成全他人之美的桥梁，成人达己，美美与共，促进师生全面成长、成才。

据此，我们设计了寓意深刻的校徽。校徽中的校名由临沂市知名书法家惠玉昆题写，核心图案融合了"新桥中学"四字首字母的变形组合，以及拼音"Qiao"和"ai"的变形等多种元素。校徽设计意在表达，没有爱就没有教育，爱是桥梁，即为师生架起发展与成长、成才的桥梁；还蕴含着人工智能、教育信息化的方向。校徽整体形似奔跑冲刺到终点、胸挂彩带的胜利者，寓意学校实现跨越发展的必胜信心，生动体现了"化桥文化"的精神内涵。

此外，学校还对楼宇、道路、楼门进行了命名。新建的两栋教学楼分别命名为守正楼、创新楼，筹建的体育馆为攻坚楼，综合楼为化桥楼，蕴含着全体师生化作成全他人之美的桥梁的美好愿望：培育能担当民族复兴重任的社会主义建设者，进一步践行新桥中学为党育人、为国育才的初心和使命。男生公寓叫桥雅楼，女生公寓叫桥韵楼。学校餐厅命名为桥汇楼，师生汇聚在这里交流思想、品味生活，餐厅将打造成智慧餐厅、营养餐厅、文化餐厅。学校还对道路依次命名，包括进入校门东西向的圆梦路，寓意在寻梦、追梦的路上圆青春梦、中国梦；通往学校家属院的路是同心路，寓意师生同心，其利断金；靠近运动场的是同德路，寓意师生同心同德，再创辉煌；守正楼、创新楼前的路是自信路，体现中华民族的道路自信、制度自信、理论自信、文化自信；化桥楼前是复兴路，教育学生时刻不忘为中华民族的伟大复兴而读书；化桥楼后是成事路，男女生公寓楼的路叫成文路，餐厅前的路为成人路。学校还对楼宇内的门进行了命名，如化侨楼的求真门、求善门、求是门、求美门、求健门、博览门、致远门；守正楼的初心门、问渠门；创新楼的益智门、启慧门，意为用智慧开启创新之门；桥汇楼的食安门、知行门、思源门、品味门、凝心门；男生宿舍楼的德馨门、鸿儒门，女生宿舍楼的知书门、达礼门。学校还在化桥广场上镶嵌了历代名家书写的不同字体的"桥"字，学生在欣赏书法的同时犹如走上了"自信桥、同心桥、复兴桥、圆梦桥"。楼有思想，路有讲究，门有门道，"化桥文化"体现出了新桥中学的育人之道。

这一朵朵无声的"化桥文化"之花，虽然不能声情并茂地教育人，却能"润物细无声"地感化人。在"化桥文化"的持续滋养下，年轻教师姜自波带领90余名学生组建的"创意素养能力"团队连续两年斩获临沂市兰山区中小学"创意素养能力展活动"优秀组织奖，她本人也连续两年获得优秀辅导奖，90余名学生均连续两年全部获奖。

● 以"桥"化人，师生共成才

校园内无声的"化桥文化"环境能感化师生共成长，而校园内外有声有色的活动引导着师生共成才。新桥中学在54个教学班充分开展小组合作学习，大胆进行教学改革，探究智慧课堂教学模式。

近几年，在山东师范大学、曲阜师范大学等高校教授的指导下，我们先后探索出具有新桥中学特色的"336"和"361"智慧课堂教学模式，以张仁锴老师为代表的教学能手和以史一童为代表的学习尖兵脱颖而出。

我们还组织师生走出校门开展"化桥文化"研学，给他们的成长注入无穷的动力。学校先后分批组织党员、教师、学生远赴台儿庄战役纪念馆、八路军115师司令部旧址纪念馆、沂蒙红嫂纪念馆、沂蒙新四军军部旧址纪念馆、孟良崮战役纪念馆等地开展"不忘初心、牢记使命"教育，缅怀革命先烈用血肉之躯搭起的"胜利桥"；走进山东兰陵国家农业公园、临沂科技馆等地，感受"科技明星"为祖国繁荣富强搭起的"科技桥"……借助这些研学活动，全校师生从内心深处迸发出实践和创新的冲动。

我们组建了"智桥、慧桥、雅桥、美桥"4大体系36个类别的"化桥文化"社团，并将其打造成鲜明的办学特色，助力学生个性化发展。其中，智桥社团开展了一题多解、提优补弱、趣味实验、无人机、机器人、科技制作、创客世界、生物标本、魔方、棋类、金点子、生活小窍门、科普知识讲座等活动；慧桥社团开展了国学、心之桥、文学社、阅读、话剧、写作、经典诵读、演讲与口才、诗词鉴赏、名作欣赏、名胜古迹游等活动；雅桥社团开展了乐器演奏、歌唱、书法、绘画、折纸、表演、茶艺、影视欣赏等活动；美桥社团开展了武术、乒乓球、排球、篮球、足球、橄榄球、体操、跳绳、毽子、方言研究、小发明、摄影、拼盘、盆景花卉、插花、餐厅小帮手、小老师、十字绣、志愿者服务等活动，成立了爱心社、科普社、心理协会等团体。一分耕耘，一分收获。在学校社团成果展示活动中，学生发明的遥控摆头小风扇、小游艇获得了前来参观的外校老师和家长的阵阵喝彩。

活动是文化传承和发展的生命力所在，离开了活动，文化也就失去了载体和活力。我们坚信，有声有爱的校内外"化桥文化"活动，一定能促使师生共成才。

文化治校是学校管理的重要手段，先进的文化更能推动学校高质量发展。在"化桥文化"的引领下，定能提升我们的办学品位，使学校走向卓越、走向辉煌。

第五节 "化桥"教育，师生合力化"新"桥

近两年，我们全校师生打成一片，将"化桥"教育作为办学灵魂，合力将新桥中学打造成"新"桥中学。

● **让老师深深扎根乡村教育**

新桥中学"新"在哪里？于教师而言，新时代教育的神圣使命是立德树人，乡村教师要终生扎根乡村，终生做立德树人的乡村教师。

不论从哪方面讲，乡村学校同城市学校都有差距。如何让老师们自愿终生扎根乡村教育这片沃土？学校在老师中开展月度及年度"身边的十大榜样"优秀教师评选活动，把当选教师的照片和事迹，制作成喷绘，立于学校醒目处，进行广泛宣传。年终，评选出的"身边的十大榜样"优秀教师，在由全校师生及家长参加的大会上披红挂彩，上台受奖。学生家长给予老师们热烈的掌声，纷纷竖起了赞许的大拇指。由此，老师们心中充满了幸福。

学校每月都有部分老师过生日，月末，学校领导班子把过生日的老师召集到一起，开一个简朴的生日聚会，祝福老师们"生日快乐"。每年都有一批老教师退休，学校班子成员把本年度退休的教师召集到一起，开一个简朴的欢送会。九九重阳节，学校班子成员走访已退老教师。

去年，学校在职教师的平均年龄是46周岁，亟需"注入"新鲜血液。于是，学校班子成员数次跑到区教体局，向局长反映学校的师资实际。出于对乡村中学的关心，区教体局连续两年为学校输送了36名新教师，为学校注入了新生力量。

做"桥文化"课题探究的老师遇到了探究瓶颈，学校领导牺牲周末休息时间，陪同课题探究的老师拜访专家、教授指点迷津；只要教育专家举办教育讲座，教学能手举办优质课、公开课，不论路途多远，学校都会派出同科

教师外出观摩学习；只要有机会，学校都会外派教师参加各种类型的公开课、优质课、讲课比赛等活动，让老师们经风雨、见世面。

社会的赞誉、生活的关心、事业的关爱，老师们的心融化了，他们立志献身乡村教育。今年，兰山区城里学校从乡村学校招考部分教师，尽管城里学校进行了广泛宣传发动，我校却无一人报考。一位女教师自愿放弃了城里学校优越的条件，调到了这里工作。这，就是最好的例证。

● 使乡村学生得到全面发展

使学生的德智体美劳得到全面发展，这是新时代赋予我们教育工作者的神圣使命。对于一所乡村中学来说，如何就地取材、因材施教，促进学生德智体美劳全面发展呢？

我们经常组织学生到"红色教育基地"开展研学，这一活动给学生带来了巨大的心理震撼。有一天，九年级学生殷志莹兴冲冲地跑到学校团委书记贺文杰的办公室，要自发组织同学们成立"临沂新桥中学志愿服务队"。于是，学校为他们制作了"临沂新桥中学志愿服务队"的红佩带。节假日、周末休息时间，身为志愿服务队队长的殷志莹，总会挑时间在学校团委书记贺文杰的带领下，要么到镇敬老院为孤寡老人服务，要么和同学们一起清理河道垃圾，要么到"羲之广场"仔细清理垃圾……他们的事迹引起了新闻媒体的关注，"临沂文明网"及《兰山大众》进行了宣传报道。2020年4月，中共兰山区委宣传部、共青团兰山区委、兰山区青年志愿协会授予了我们"兰山区青年志愿服务先进集体"的称号。

强壮的身体是学生有效学习的根本保障。我们临沂新桥中学和其他学校一样，开足、开齐了国家、地方、校本课程。早操、课间操、眼保健操、一年春秋两季的运动会，是学生强身健体的好时机。

乡村中学的学生虽出身于乡村，但他们生在红旗下，长在甜水里，对劳动的体验并不丰富。为此，学校分批组织学生到学生餐厅参加义务劳动，体验劳动的艰辛；周末，学校引导班主任老师，通过钉钉家长群、微信家长群等渠道，引导学生家长带领学生体验劳动的乐趣。

由此，近两年，临沂市新桥中学连续获多项表彰，被评为区教育督导工作先进单位、文明校园、教育教学工作先进单位、教育教学工作进步奖、学校安全管理先进单位、学校工会女工工作先进单位、教育系统先进党组织、德育工作先进单位、工会工作先进单位、团队工作先进单位等十数项殊荣。

新时代如何振兴乡村教育，学校由此有了新的感悟：只要把"化桥"教育作为办学灵魂，师生心往一处想、劲往一处使，定会化新桥为"新"桥。

第六节 "风景这边独好"

环境文化是我们学校一道亮丽的风景线。我们据此设计了"一门柱""二墙""三园""四厅""五景""六载体""七座楼""八条路""九座桥""二十门"的寓意深刻的校园校貌。

一门柱：指的是一个门柱。学校门柱南侧上方是校徽，下方是惠玉昆老人题写的校名；东侧是学校的办学目标：颜体的"打造最美乡村中学"；与之相对应的一侧是"向美而行"四个大字；北侧是学校的办学思想："守正创新，攻坚化桥"八个金字。

二墙：指的是文化墙、精神墙。

三园：指汇园、通园、励志园。

四厅：指党建厅、理念厅、红色厅、科技厅。

五景：

（一）化桥广场。化桥广场上镶嵌了历代书法名家书写的不同字体的"桥"字，学生在欣赏书法的同时犹如走上了"自信桥、同心桥、复兴桥、圆梦桥"。

（二）虚心修竹。

（三）润心奇石。从 2018 届毕业生开始，每届毕业学生为学校捐赠一块留念奇石。

（四）博观长廊。

（五）健身乐园。

六载体：

校徽、校旗、校歌、校报、校刊、校本。

七座楼：

化桥楼。单体东西长144米的综合楼就叫化桥楼，它像巍峨的青山一样化崎岖为坦途，架起通往未来奔向成功的桥梁。"化桥"取自毛主席在1958年所写七律诗二首《送瘟神》的诗句："红雨随心翻作浪，青山着意化为桥。"我们凝练为"化桥教育，成人之美"的核心理念，蕴含着全体师生化作成全他人之美的桥梁的美好愿望：培育能担当民族复兴重任的社会主义建设者，进一步践行新桥中学为党育人、为国育才的初心和使命。

守正楼。寓意守住正道，让红色基因融入师生血脉。

创新楼。寓意创新学习，为祖国科技发展添砖加瓦。

桥雅楼。男生公寓楼叫桥雅楼，寓意男生要加强文化修养，成为文人雅士、谦谦君子。

桥韵楼。女生公寓楼叫桥韵楼，寓意要培养知书达理、秀外慧中、韵味十足、气质脱俗的淑女。

桥汇楼。学校餐厅命名为桥汇楼，寓意师生汇聚在这里交流思想、品味生活，餐厅将打造成智慧餐厅、营养餐厅、文化餐厅。

桥匠楼。匠，指有手艺的人，或指在某一方面造诣高深的人。家属院的教职工宿舍命名为桥匠楼，寓意教师要做立德树人、化桥建桥的大国工匠。

八条路：两纵六横八条路。

圆梦路。入校门东西向的路叫圆梦路，寓意在寻梦、追梦的路上圆青春梦、中国梦。

同心路。通往学校家属院的路叫同心路，寓意师生同心，其利断金。

同德路。靠近运动场的叫同德路，寓意师生同心同德，再创辉煌。

自信路。守正楼、创新楼前的路叫自信路，体现中华民族的道路自信、制度自信、理论自信、文化自信。

复兴路。化桥楼前的路叫复兴路，寓意教育学生时刻不忘为中华民族的伟大复兴而读书。

成事路。化桥楼后面的路叫成事路。

成文路。男生公寓（桥雅楼）、女生公寓（桥韵楼）前的路叫成文路。

成人路。餐厅（桥汇楼）前的路叫成人路。

九座桥：1.立德桥，2.树人桥，3.自信桥，4.圆梦桥，5.同心桥，6.复兴桥，7.三省桥，8.智慧桥，9.起航桥。

二十门：1.求真门，2.求善门，3.求美门，4.求健门，5.求是门，6.致远门，7.博览门，8.初心门，9.问渠门，10.益智门，11.启慧门，12.鸿儒门，13.德馨门，14.达礼门，15.知书门，16.凝心门，17.品味门，18.食安门，19.知行门，20.思源门。

化桥楼北侧的门，根据学校的校训——求真求善求美求健，便有了求真门、求善门、求美门、求健门。

中央大厅北侧正对的北门叫求是门：实事求是，探求事物发展的规律性，也是我们教育工作者的不懈追求。

楼南侧两头还有两个门。东头通往图书阅览室的门叫博览门，有博览群书之意。西头的门叫致远门，与北侧的求健门对应，寓意安全健康才能行稳致远。

正楼的是初心门、问渠门。

创新楼的门叫益智门、启慧门，意即用智慧开启创新之门。

桥汇楼的门分别叫食安门、知行门、思源门、品味门、凝心门。

南侧通往厨房加工间的门叫食安门，寓意民以食为天、食以安为先。

中间的门叫知行门，寓意学生们要懂得粒粒皆辛苦的道理，要知行合一，节约粮食，杜绝浪费。

西侧的门叫思源门，意即要饮水思源，一粥一饭当思来之不易，一丝一缕恒念物力维艰。珍惜当下幸福生活，时刻不忘感恩。

男生宿舍（桥雅楼）的门叫德馨门、鸿儒门。

女生宿舍楼（桥韵楼）的门叫知书门、达礼门。

楼有思想，路有讲究，门有门道。"化桥文化"体现出了新桥中学的育人之道。文化治校是学校管理的重要手段，先进的文化更能推动学校高质量发展。

第二章 校史文化

第一节 新桥中学赋

巍巍蒙山前,涛涛祊河边,临沂新桥中学,建校五十一载,超常发展,名扬四方。借庆祝建校五十一周年之际,作文以记其盛。

吾校前贤,创业艰辛,负重前行,薪火相传,绵延至今。

学校建于20世纪60年代末,发展于拨乱反正时期,提高于2000年以后,名声鹊起于2018年。

回想建校之初,荒地三十六亩,员工十几人。所选校址,一片荒凉。眼中枯草连天,脚下乱坟一片。地既不灵,人岂不杰?赞我新桥中学人,奋愚公移山之志,卧薪尝胆谱新篇,在这片荒凉的土地建起了费县第十二中学,成了莘莘学子向往的知识殿堂。历经沧桑五十载,栉风沐雨,砥砺前行,从小到大,从弱到强。1986年,拨乱反正,以教学为中心。颂我新桥中学师生,育人辛苦,教学相长,育新中之才俊;兰蕙并茂,造四方之贤英。开拓进取,硕果累累,临沂新桥中学成了四方学子求学的选择。

喜看今朝学校新面貌,高楼林立,教学设施齐全。景色宜人,竹木花草,樱花长廊,柳绿花红,一片生机勃勃。

创和谐校园,树文明新风。法制讲座,敲安全警钟之长鸣;文化校园,展人文文化之底蕴;绿树成荫,示学校今朝之雄风;图书仪器,揭大千世界之奥秘；课外活动，亮学校生活之多彩。

建智慧校园，展时代风采。智慧课堂，电脑展示，启学生之心窍；借睿易之平台，传知识之奥妙；智慧餐厅，刷脸吃饭，满学生之需求，菜饭多样，供学生健康之成长；智慧安防，保全校师生安全、健康；开卓越课程，激学生兴趣，课程多样，使个性张扬。

建友好教育关系。领导专家常来我校指导；许多学校欣然来校交流；外出送课，展现教师风流；杂志报端，屡见学校美名；课题论文，国省级刊物皆有刊登。

校风朴实，学风严谨。求实、求精、求细、求新，朝朝同仰；敬业、严谨、务实、创新，时时自勉；好学、乐学、勤学、善学，人人牢记。提高学生素质，从课内走向课外，由书本走向生活。

外树形象，内强素质。领导垂范，理念瞻前，创366、361之策略，建智慧之课堂，重潜能之挖掘，促教学之改革。名校战略，最美中学；特色"化桥"创建，发展内涵。教师百余人，爱生又敬业；创新求发展，成绩更斐然。学子数千人，个个赛龙虎；课上与课下，个性得发展。

忆往昔，辛勤耕耘，桃李花红叶茂；看今朝，殊荣叠起，校园硕果累累。愿我学子，学海扬帆，做勤学奋进有用才；祝我园丁，胸怀天下，当博学多才灵魂师。

侃侃而赋，赞五十一年辉煌；孜孜以求，愿百世流芳。谋发展当竭力，抓机遇务求速。趁课改以勇进，济明时而图强。

新桥百年毓秀地，杏坛仁风万古流。任重道远名校路，披肝沥胆铸辉煌！

祝我校的明天更美好！

第二节　在这里……

　　新桥旧镇，物阜民丰；新中旧址，人杰地灵。我校自 1969 年兴建于此，经几次扩建，历半世沧桑。几代人秉人本之办学要义，行人和之办学思想。以德立校，厚德载物；博学审问，明辨笃行；臻于至善，止于至美；知行并举，树人建业。1991 年 4 月，顺利通过了临沂市"市级规范化学校"验收之后，学校又先后被命名为"县级花园式学校""县（区）级文明单位""临沂市平安校园""县（区）级教学先进单位"等多项县（区）级荣誉称号。行务实之风，古庠生机无限；生和谐之象，学校前程似锦。

　　春秋易序，如歌如诗。在这里，有激情燃烧的岁月，有不辱使命的情怀，有半个多世纪的春风化雨，有五十一载的砥砺前行。在这里，我们可以看到几代新桥中学人艰苦创业的辛劳与孜孜以求的执着，可以看到历届领导和社会各界对新桥中学的关怀与支持，可以看到新桥中学校园所发生的巨大变化，可以体会新桥中学与时俱进、持续发展的态势。在这里，可以感受浓郁的校园文化氛围，可以领略名师名生的儒雅风采，可以回顾新桥中学人不可磨灭的业绩。

　　故貌翰墨香，新颜续华章。五十一年，在历史的长河中只是短暂的一瞬，我们同历史对话是为了今日的创新和明天的发展，我们与时代同步是为了家乡的发展和人民的重托。五十一年沧桑，五十一年辉煌，愿我们奉献给您的这朵小花，能生发出更新更美的枝芽！

　　愿临沂新桥中学这棵文明之树青春常驻，永葆生机！

第三节　学校概况

临沂新桥中学始建于1969年，原名费县第十二中学，1972年更名为石桥中学，1985年更名为新桥中学。1987年前属国办中学，1989年后为乡属中学，更名为新桥乡中心初级中学，1999年更名为新桥乡初级中学，2001年更名为新桥镇初级中学。2011年区域规划调整，原山东省临沂市费县新桥镇划归临沂市兰山区管辖，后因乡镇合并，合并给临沂市兰山区方城镇，更名为临沂新桥中学。

学校占地95.2亩，建筑面积30045平方米。学校内部设施齐全，现有守正楼1座，创新楼1座，化桥楼1座，学生公寓2座，学生餐厅楼1座。

临沂新桥中学栉风沐雨，砥砺前行，不断发展壮大。最初只有1口教室，1个班级，2名教师。如今，在校学生2700余人，52个教学班，在职教师183人，学历全部达标。办公楼、教学楼、公寓、餐厅、职工住宅楼一应俱全。

现在，学校在新一届领导班子的带领下，向着"打造乡村最美中学，向美而行"的目标阔步前进。

第四节　治校方略

校徽（ ）：校徽中的校名由临沂市知名书法家惠玉昆题写。核心图案融合了"新桥中学"四字首字母的变形组合，以及拼音"Qiao"和"ai"的变形等多种元素。校徽设计意在表达，没有爱就没有教育，爱是桥梁，即为师生架起发展与成长、成才的桥梁；还蕴含着人工智能、教育信息化的方向。校徽整体形似奔跑冲刺到终点、胸挂彩带的胜利者，寓意学校实现跨越发展的必胜信心，生动体现了"化桥文化"的精神内涵。

校风：求实、求精、求细、求新。

校训：求真、求善、求美、求健。

教风：敬业、严谨、务实、创新。

学风：好学、乐学、勤学、善学。

办学理念：为学生终身发展创造条件，为教师专业成长搭建平台，创办最美乡村中学，办人民满意的教育。

办学宗旨：学生成材、教师成长、学校发展、群众满意。

办学目标：培养可持续发展的学生，造就可持续胜任的教师，创办可持续攀高的学校，实施可持续提升的教育。

教师发展目标：人格高尚，精于科研，素质全面，终身发展。

学生发展目标：自信、自律、自立、自强。

我心飞翔

新桥中学校歌

1=♭E 6/8

朝气蓬勃地

3 3 3 3 1 | 2 1 6. | 7 7 1 2 2 1 | 5. 5. | 6 6 7 1 6 | 5 5 7 1. | 4 4 4 4 1 |
迎着初升的 太 阳　　荡起追梦的双 桨　　敬爱的老师　用爱导航　带我们遨游
胸怀远大的 理 想　　奔向 诗和远 方　　亲爱的老师　工匠一样　为我们架起

7 7 1 2. | 3 3 3 1 | 2 2 1 6. | 7 7 1 2. | 2 1 2 3. | 4 4 6 1 4 | 3 2 1 7. |
知识海洋　　求真求善　求美求健　学海泛舟　无限风光　少壮 努力　正当时莫
成长桥梁　　守正创新　攻坚化桥　春风化雨　精彩绽放　花样 年华　花样美桃

7 7 1 2 1 7. | 1. 1. | 4 4 4 4 4 4 2 | 5. 0 5 5. | 3 3 2 1 2 | 1. 1. | 1 6 6 4 |
负韶华好　春 光　　加油吧亲爱的伙 伴　　逐梦　明天我心飞 翔　　啦啦啦啦
李斗妍竞　芬 芳　　加油吧亲爱的伙 伴　　圆梦　未来我们最 棒

4 4 5 6. | 5 6 5 1 5 | 3. 3. | 1 6 6 4 | 4 4 5 6 5 5 | 3 3 5 2 3 | 2. 2. | 4 4 4 1 |
飞翔飞翔　朝着梦的方　向　　啦啦啦啦　飞翔飞翔看我　新中好儿　郎　　啦啦啦啦

4 4 5 6. | 5 6 5 1 2 | 3. 3. | 4 3 2 6 | 4. 5 4 3 2 2 2 | 5 0 5 5 2 | 1. 1. :||
飞翔飞翔　朝着梦的方　向　　啦啦啦啦　飞　翔飞　翔看我 新　中好儿　郎

4 3 2 6 | 4. 5 4 3 2 2 2 | 5 5 5. 6 1 1. | 1. 1. | 1 0 0. ||
啦啦啦啦 飞　翔飞　翔看我 新中　好儿郎

第二稿

第五节　临沂新桥中学教师誓词

我是临沂新桥中学一名光荣的人民教师，面对国旗庄严宣誓：

爱岗敬业，忠于人民的教育事业；严谨笃学，恪守教师职业规范；勇于创新，不断完善和超越自我；志存高远，追求至高至美的育人境界。励志笃行，自强不息，关爱生命，塑造灵魂，潜心育人，终生无悔！

第六节　学校历任党支部书记、校长

● 历任校长、党支部书记任职时间、题词

杨　道（1969—1971）
　　题词：承前启后　继往开来
徐鹤年（1971—1976）
　　题词：发展教育事业　培养建国人才
邓光增（1976—1987）
　　题词：为振兴中华办学　实现"四化"育人
刘富恕（1987—1993、1996—1999）
　　题词：坚持三个面向　培养"四有"新人
曹广富（1993—1996）
　　题词：积极进行教学改革　努力提高教学质量
王洪春（1999—2007）
　　题词：深化内部改革　培养合格建设人才

刘　佳（2007—2017）

　　题词：创办优质特色教育　培养厚德博学人才

孟　黎（2017—2019）

　　题词：过一种幸福完整的教育生活

全宗旭（2019年至今）

　　题词：守正创新　攻坚化桥

第七节　德高望重的退休教师

孙士同，1968年12月参加工作，1999年3月退休。中学地理教师。

刘照华，1958年参加工作，1999年3月退休。中学语文教师，历任联中校长、新桥中学副校长。

吴士富，1967年7月参加工作，1999年3月退休，中学语文教师。

刘国龙，1971年参加工作，1999年3月退休，中学音乐教师。

咸庆胜，1962年参加工作，1999年3月退休，中学语文教师

王鹏需，1965年1月参加工作，1999年3月退休，中学数学教师。

杨宝平，1967年7月参加工作，1999年3月退休，中学英语教师。

王如常，1965年11月入伍，1970年调入新桥中学，1986年12月退休，新桥中学教工。

吕高敏，1967年6月参加工作，1999年3月退休，中学数学教师。

王沛湘，1968年7月参加工作，1999年3月退休，中学英语教师。

张永坤，1973年2月参加工作，2013年3月退休，中学政治教师。

李建华，1963年7月参加工作，1999年3月退休。1971年7月至1987年7月在新桥中学工作，任中学物理教师。

宋景乾，1962年2月参加工作，1982年2月退休，新桥中学教工。

张庆昌，1963年7月参加工作，1999年3月退休，新桥中学教工。

张连成，1969年6月参加工作，1987年7月调入新桥中学，1999年3月

退休，新桥中学教工。

张士恭，1963年参加工作，1999年3月退休，中学语文教师。

凌开华，1970年3月参加工作，2006年3月退休，中学历史教师。

张连科，1970年8月参加工作，1982年12月退休，新桥中学教工。

刘庆田，1968年参加工作，1999年3月退休，中学数学教师。

董占爱，1971年参加工作，1999年3月退休，中学历史教师。

李自顺，1963年参加工作，1999年3月退休，中学数学教师。

冯允富，1968年10月参加工作，1999年3月退休，中学物理教师。

王义祥，1961年参军，1969年转业到费县第十二中学任总务主任，负责后勤工作，是建校的主要参与者，1999年退休。

曹允明，1978年3月参加工作，2002年7月退休，新桥中学教工。

第八节　优秀校友

郭忠三

男，1953年出生，兰山区方城镇郭兴庄村人。

1972年9月参加工作，1975年12月入党。2013年10月退休。

1968年9月—1969年11月，费县五中学点下伸到石桥中学上初中。

1969年12月—1972年1月，费县十二中上高中。

1972年2月—1974年9月，本村民师，石桥管理区广播网长。

1974年9月—1976年7月，费县师范学校学习。

1976年8月—1981年3月，费县师范学校仪器管理员。

1981年3月—1984年9月，费县师范学校团委书记兼人事秘书。

1984年9月—1986年6月，临沂师专干部专修科学习。

1986年9月—1992年6月，费县县委组织部组织员。

1992年6月—1993年3月，费县汪沟乡党委副书记。

1993年3月—1995年3月，费县上冶镇党委副书记。

1995年4月—1998年3月，费县上冶镇党委副书记、镇长。

1998年3月—2002年3月，费县方城镇党委书记。

2002年3月—2006年12月，费县劳动保障局局长、医保局局长。

2006年12月—2013年10月，离岗待退。

2013年10月至今，退休。

相长林

男，1953年2月出生，兰山区方城镇平湖村人。

1972年1月参加工作，1974年6月入党。

1968年9月—1969年11月，费县五中学点下伸到石桥中学上初中。

1969年12月—1972年1月，费县十二中上高中。

1972年1月—1972年4月，本村民师。

1972年4月—1975年1月，唐庄管理区文书。

1975年2月—1976年10月，石桥公社团委书记。

1976年10月—1980年1月，临沂地委宣传部干事。

1980年2月—1984年5月，刘庄公社党委副书记。

1984年6月—1993年3月，胡阳乡党委副书记、政府副乡长。

1993年3月—1998年3月，费县探沂镇镇长。

1998年4月—1999年3月，费县农机局副局长。

1999年4月—2013年3月，费县畜牧公司党委书记、董事长。

2013年3月至今，退休。

王光俊

男，1954年1月出生，兰山区方城镇郭兴庄村人，新桥中学高二级学生。1976年11月加入中国共产党，大学学历。1973年1月起先后在新桥中小学、费县五中、费县实验中学任教。1984年9月任费县县委办公室秘书，1988年8月任费县县委政策研究室副主任。1990年5月任城北乡党委书记。1992年6月任费县档案局局长兼档案馆馆长。1993年4月任费县县委办公室副主任、县档案局局长、档案馆馆长。1996年3月任费县教委主任、党组书记。2002年

3月任县长助理、县教育局局长、党组书记。2003年2月任县长助理，县政府党组成员，县教育局局长、党组书记。2006年2月任费县人大常委会副主任、党组成员，是政协第六届费县委员会常务委员，临沂市第十六届人大代表。

2001年被临沂市委、市政府授予"社会治安综合治理先进个人"称号，并记三等功一次，同年被授予"山东省优秀教育工作者"称号。2003年被授予"山东省农村教育工作先进个人"称号。2004年被评为"临沂市优秀人大代表"。

王庆田

新桥中学高二级学生。

1973年1月毕业于费县十二中学，1975年5月入党。

1975年6月担任西西蒋村党支部副书记。

1981年下海经商，从事运输行业。

1985年建起面粉厂。

1989年办砖厂。

1992年办冶炼轧钢厂。

1995年建起鑫星鞋业有限公司。

2006年建起银河劳保手套厂，为全国名牌。

现在，鞋厂有6条生产线，劳保手套厂有23条生产线，年创产值3.5亿元，利税3000多万元，税收1000多万元，是十五、十六、十七、十八届县区级人大代表，十六、十七、十八届市人大代表，市优秀共产党员，市劳模。

张庆选

1956年7月出生，费县原新桥镇麻绪村人，1975年加入中国共产党。1974年3月任原新桥公社党委公务员。1975年8月参加县委农业学大寨工作队。1976年6月任方城公社党委委员、团委书记。1979年任方城公社党委常委、宣传委员。1982年任方城公社管委会副主任。1984年任探沂区委副书记、区长（期间，1984年9月至1986年7月在山东农业大学干部专修科学习）。1986年10月任刘庄乡党委副书记、乡长，1988年任刘庄乡党委书记。1990年任上冶镇党委书记、县委委员。1993年任费县人民政府副县长、县委委员。

2001年任费县县委常委、县政府副县长、党组副书记。2003年任费县县委常委、政法委书记、县政府党组副书记。2004年任临沂市安全生产监督管理局副局长。2006年4月任临沂市委统战部副部长，工商联党组书记。2012年3月任临沂市政协副秘书长、市人大环资工委主任。2016年8月退休至今。

曹文娟

1970年2月—1975年1月，费县石桥公社西西蒋小学民办教师。

1975年1月—1975年9月，费县县委组织部抽调搞社会调查。

1975年9月—1976年7月，费县农业学大寨工作队队员。

1976年7月—1977年2月，费县石桥公社妇联副主任。

1977年2月—1979年4月，费县石桥公社团委书记。

1979年4月—1984年7月，费县薛庄公社妇联主任。

1984年7月—1991年7月，费县总工会女工部、组织部部长（期间，1987年9月—1990年6月在济南市工会干部中等专业学校工会学专业学习）。

1991年7月—1998年4月，费县总工会副主席、女职工委员会主任（期间，1993年9月—1996年7月在省政法管理干部学院大专班法律专业学习）。

1998年4月—1998年9月，威海市总工会办公室副主任。

1998年9月—2003年4月，威海市总工会财务部部长。

2003年4月—2003年12月，威海市总工会助理调研员、党组成员。

2003年12月—2008年11月，威海市总工会副主席、党组成员。

2008年11月—至今，威海市总工会常务副主席、党组副书记。

高庆传

男，汉族，1958年5月出生于原新桥镇墩头村。1976年5月在费县第十二中学高中毕业。1977年7月至1978年2月在原新桥镇墩头管理区任文书。1977年7月加入中国共产党。1978年3月至1981年10月在北京卫戍区当兵，任连队文书。1981年至2018年5月在费县交通委员会工作（期间，1993年5月至1996年6月在省委党校经济专业大专班学习），历任交管所所长、客运站站长、稽查大队大队长、检测站站长、万达公司经理、驾培科科长。2018 年 5 月退休。

李汝成

男，1959 年生，山东临沂人，新桥中学高三级学生。南京大学博士，青岛大学外语学院教授。研究领域：英美文学、文学翻译、比较文学。先后毕业于曲阜师范大学、上海师范大学、南京大学，分别获得文学学士、硕士、博士学位。曾执教于临沂一中、曲阜师大、河海大学、上海大学、美国密苏里州立大学，曾任青岛大学师范学院英语系主任，现任青岛大学外国文学研究中心主任，英语语言文学专业及教育硕士、学科教学（英语）硕士生导师，英语语言文学学科负责人，兼任山东省外国文学学会副会长。在《文艺报》、《社会科学报》、《文汇读书周报》、《外国文学研究》（A&HCI、CSSCI）、《外国文学评论》（CSSCI）、《国外文学》（CSS）、《外国文学》（CSSCI）、《当代外国文学》（CSSCI）、《外国文学动态》（CSSCI）、《跨文化对话》（CSSCI）、《戏剧艺术》（CSSCI）、《上海师范大学学报》（CSSCI）、《齐鲁学刊》（CSSCI）、《山东社会科学》（CSSCI）、《外国语文》、《译林》、《山东外语教学》、《美国文学研究》、BMa:The Sonia Sanchez Literary Review 等国内外报刊及辑刊发表论文 30 余篇，所发论文在学界多有反响，其中 2 篇被国际权威检索系统 A&HCI、CPCI 收录，8 篇被《新华文摘》、《高校文科学术文摘》、人大复印资料《外国文学研究》等全文转载或摘载；在中华书局、北京大学出版社、中央编译出版社、上海文艺出版社、上海文化出版社、辽宁教育出版社、浙江文艺出版社、新世界出版社、华中师大出版社、青岛出版社等出版社出版专著、编著 3 部，译著 6 部，教材 3 种；另发表译文 18 篇，散文、诗歌多篇。主持、参与国家、教育部、山东省、上海市教委、山东省教育厅、青岛市社科项目 12 项（主持 6 项）。获上海市教委、青岛市、青岛大学社科优秀论文奖 6 项。

咸洪河

新桥中学高三级学生。

1974 年 5 月—1978 年 9 月，费县新桥完全小学民办教师。

1978 年 9 月—1980 年 7 月，山东省商业学校电视机专业学习。

1980年7月—1982年6月，临沂五金交电站工作。

1982年6月—1985年3月，费县五金交电公司工作。

1985年3月—1989年7月，费县民族宗教事务办公室科员（期间，1987年9月—1989年7月在曲阜师范大学汉语言文学专业学习）。

1989年7月—1993年12月，费县人民政府办公室秘书、科长、副局级秘书。

1993年12月—1996年3月，费县县委组织部副主任科员、干部科副科长。

1996年3月—2003年12月，费县教育局副局长、党组成员（期间，1994年9月—1996年12月在山东省委党校业余本科经济管理专业学习）。

2003年12月—2007年11月，费县人事局副局长、党组副书记。

2007年11月—2011年12月，费县人事局副局长、党组副书记，费县事业单位登记管理局局长。

2011年12月—2018年6月，费县人力资源和社会保障局主任科员。

吕高观

中学高级教师。1969年9月至1974年6月，在费县第十二中学读书。就读于临沂大学、曲阜师范大学、山东师范大学。曾担任费县实验中学校长、费县第一中学校长。获评临沂市劳动模范，荣获振兴沂蒙劳动奖章，被评为山东省优秀教师和优秀教育工作者。

李如东

1956年12月30日生于石桥公社郭家庄村，1975年7月在费县第十二中学高中毕业，1976年3月应征入伍到中国人民解放军空军39809部队服役，1978年9月入党，1979年4月任飞机机械师，1992年9月转业到费县交警大队工作，2017年1月退休。

吕高涛

生于1957年8月2日（古历），山东省临沂市兰山区方城镇吕家寨村人。1970年1月至1971年12月就读于费县第十二中学初中，1973年1月至1975年7月就读于费县第十二中学高中，1978年10月至1983年8月在青岛医学院医学系学习。1983年8月至2017年9月在费县人民医院工作。工作期间1991年6月至1992年6月赴中国人民解放军海军总医院胸心外科进修1年，1993年3月晋升为外科主治医师，1998年6月任外科副主任，1999年12月晋升外科副主任医师，2000年1月任外科主任，2006年8月兼门诊部主任，2014年1月晋升外科主任医师，2017年9月退休。2016年5月起至今在费县第二医院任外一科主任。

刘清来

男，汉族，59岁，共产党员，高级教师。

1974年8月—1976年在新桥中学学习。

1980年考入山东省费县师范学校，毕业后曾在方城小学、新桥小学工作，历任教导主任、副校长、校长、党支部书记等职务，多次获得市、县级先进教育教学工作者称号。

于维斌

1960年7月出生，中共党员。江苏省赣榆县朱堵乡人。1974年至1976年7月在费县第十二中学（现兰山区新桥中学）上高中，1976年8月至1978年8月在探沂公社同乐庄村做下乡知青，1978年8月至1980年7月在山东省银行学校上学，1980年7月至1995年4月在中国农业银行费县支行工作，历任副股长、股长、科长、总稽核，1995年5月至1998年8月在费县农村信用社联合社任党委副书记、副主任。1998年9月至2002年10月任费县农村信用社联合社党委书记、主任。2002年11月至2004年8月任蒙阴县农村信用社联合社主任。2004年9月至2007年8月任沂南县农村信用社联合社党委书记、理事长。2007年9月任兰山区农村合作银行、农村商业银行党委副书记。

王善良

男，大学文化，武警大校警衔，中共党员。1975年至1977年，就读于石桥中学，历任教师、战士、班长、书记、政治指导员、政工干事、机要科长、政治处主任、政委、支队长、省边防总队政治部主任等职，曾先后荣立一等功 1 次、二等功 1 次、三等功 3 次、嘉奖 21 次；被公安部边防局、省边防总队表彰为优秀共产党员 7 次、优秀党务工作者 3 次；荣获省级劳动模范称号 1 次、市级"五一"劳动奖章 1 次；2007 年被省委、省政府和省军区联合表彰为"双拥"先进个人，同年当选为日照市第十一次党代会代表；2010 年、2013 年，连续两次被公安部边防局评为"优秀领导干部"。

周广学

1962 年 11 月生，新桥中学高七级学生。1980 年考入北京大学图书馆学系。现为山东财经大学教授、图书馆副馆长。

宋桂友

费县第十二中学高八级学生。教授、文学博士、博士后，江苏省高校社科重点研究基地苏州市职业大学吴文化传承与创新研究中心负责人，苏州大学研究生导师。

程洪法

男，1962 年 4 月出生，1977 年由大官联中考入费县十二中，在高八级一班学习；1982 年毕业于山东煤矿学校；1985 年开始，先后在国有企业、县直机关、乡镇担任领导职务；2008 年至 2016 年，任郯城县中小企业局（原乡镇企业局）党组书记、局长；2017 年至今，任郯城县人大常委委员。

王晓利

新桥中学 2000 届毕业生，新桥花吉庄村人，博士，最高人民法院中国应用法学研究所博士后，重庆市第一中级人民法院法官，西南政法大学校外硕士研究生导师。

主要研究方向：公司法、合同法。

教育经历：

1997 年 9 月—2000 年 7 月，新桥中学，初中。

2000 年 9 月—2004 年 7 月，费县实验中学，高中。

2005 年 9 月—2008 年 7 月，青岛农业大学，国际经济与贸易，学士。

2008 年 9 月—2011 年 7 月，西南政法大学，法律硕士，硕士。

2011 年 9 月—2014 年 7 月，西南政法大学，民事诉讼法，博士。

2016 年 9 月至今，最高人民法院中国应用法学研究所，博士后。

郭庆华

新桥中学 2002 届毕业生，新桥郭兴庄人，博士，上海烈冰生物医药科技有限公司联合创始人，中国抗癌协会肿瘤标志委员会委员，常春藤全球创业行动组成员，上海交通大学转基因科普实习导师，复旦大学生物信息教学实践课外导师。

主要研究方向：生物医学基因组大数据，生物信息和算法研究。多年来致力于基因大数据的行业应用和高通量基因组测序实验应用，专注于云计算大数据技术的开发应用，在生物云计算行业取得了巨大成就，创立了 NovelBrain 生物云计算品牌，在国际上率先实现了基因大数据界面化结构存储。

教育经历：

1999 年 9 月—2002 年 7 月，新桥中学，中学。

2002 年 9 月—2005 年 7 月，费县实验中学，高中。

2005 年 9 月—2009 年 7 月，东北农业大学，生物技术，学士。

2009 年 9 月—2012 年 7 月，上海交通大学，发育生物学，硕士。

2017 年 9 月至今，哈尔滨工业大学，生物信息学，博士。

研究成果：主要发表在《Nucleic Acids Research》《Briefings in Bioinformatics》等杂志上。

Guo QH, et al.lncRNA2Target v2.0: a comprehensive database for target genes of lncRNAs in Human and Mouse.Nucleic Acids Research. DOI.

Wu ww, Guo QH, et al. CASH:a constructing comprehensive splice site method for detecting alternative splicing events. Briefings in Bioinformatics.

王永哲

男，中共党员，费县新桥镇（现属兰山区方城镇）人。新桥中学初七级学生，费县师范学校 87 届普通师范专业毕业。现任临沂市兰山区人大常委会主任、党组书记。1987 年 7 月至 1991 年 1 月为费县新桥中学教师。1991 年 1 月至 1994 年 4 月先后任临沂市（县级）马厂湖镇人大办公室秘书、武装部干事、副部长。1994 年 4 月至 1998 年 4 月先后任临沂市（县级）朱保乡党委委员、人武部长，兰山区朱保乡党委委员、人武部长、副乡长。1998 年 4 月至 2006 年 1 月先后任兰山区义堂镇党委副书记、镇长、镇党委书记兼人大主席。2006 年 1 月至 2011 年 11 月任兰山区政府副区长、党组成员。2011 年 11 月至 2012 年 2 月任兰山区委常委、政府副区长、党组成员。2012 年 2 月至 2014 年 1 月任兰山区委常委、办公室主任。2014 年 1 月至 2016 年 6 月任兰山区委常委、政法委书记。2016 年 6 月至 2016 年 12 月任兰山区委常委、区政府常务副区长、党组副书记。

2017 年 1 月至今任临沂市兰山区人大常委会主任、党组书记。

续云洁

女，1987 年 3 月出生。吉林大学毕业，博士研究生。

所学专业：病理学与病理生理学；研究方向：基因治疗与肿瘤代谢。

1994 年 9 月—1999 年 7 月，新桥完小，小学。

1999 年 9 月—2002 年 7 月，新桥中学，初中。

2002 年 9 月—2006 年 7 月，费县第二中学，高中（理科）。

2006 年 9 月—2010 年 7 月，泰山医学院，护理学（本科）。

2011 年 9 月—2014 年 7 月，延边大学，病理学与病理生理学（硕士）。

2014 年 9 月—2018 年 7 月，吉林大学，病理学与病理生理学（博士）。

2006 年，获得"校级二等奖学金"。

2007 年，获得"国家励志奖学金""优秀学生"称号。

2008 年，获得"泰安市大学生科技创新活动"资助，研究经费 0.3 万元。

2010 年，荣获"泰山医学院优秀毕业生"和"优秀学生会干部"称号。

2012 年，荣获"全国大学生英语竞赛三等奖"。

2016 年，"白求恩医学部博士研究生拔尖人才培育计划"立项，获得研究经费 7 万元。共发表 SCI 文章 4 篇，中文文章 4 篇，参与完成多项国家自然基金项目。

2008—2009 年，参加青年志愿团活动、宫梅玲老师组织的"泰山医学院大学生阅读疗法协会"以及泰山医学院薛雅卓老师组织的社区义工活动。

2009—2010 年，北京协和医学院实习，参加北京协和医学院志愿者活动。

2014—2018 年，参加 2016 年中国病理生理学会第十六届免疫专业委员会、第十五届肿瘤专业委员会联合学术会议并参展学术墙报，成为吉林省病理生理学会会员。

郭 伟

童年时，就读于新桥乡初级中学。

师范毕业后，回校执教，当上了一名人民老师。

1995 年 7 月，调入费县第一中学工作，在一中初中部教授语文学科，执教了三届毕业班。

2001 年 7 月，调入费县教育局教研室，从事初中语文教学教研工作，任教科室副主任；2007 年调入基础教育科，从事学校管理工作，任关工委主任、普教科副科长。

2012 年 7 月，被县委组织部调到团县委，负责全县关心下一代工作。

2014 年 7 县，被县委组织部调到县委老干部局，负责全县关心下一代工作。

2017 年 4 月，被县委组织部调入县民政局，负责管理退役士兵事务工作。

2017 年 11 月，被县委组织部调到县属国有企业——山东新沂蒙通航产业园有限公司工作，任总经理职务，负责费县通用航空机场、产业园、航空小镇的建设以及全县河道砂矿综合治理工作。

张永杰

兰山区方城镇新星村人，中共党员。2003 年毕业于新桥中学，复旦大学法学博士，中共上海市委党校、上海行政学院教师。

教育及工作背景：

2000 年 9 月—2003 年 6 月，新桥中学。

2003 年 9 月—2006 年 9 月，费县二中。

2006年9月—2009年6月，山东警察学院（并校后现名）。

2010年9月—2013年6月，山东师范大学。

2013年9月—2016年6月，复旦大学。

2016年7月—2018年6月，中共上海市委党校第二分校。

2018年6月至今，中共上海市委党校、上海行政学院。

科研情况：

研究方向：中国共产党历史、中华人民共和国史、政党政治等。

主持省部级课题1项，参与国家级课题2项、省部级课题2项，在学术期刊上发表论文多篇，参编著作3部。

所获荣誉：

优秀毕业生（山东省人事厅）。

复旦大学优秀毕业生。

吕士展

男，1985年10月出生于原费县新桥镇（现兰山区方城镇）吕家寨村，中共党员，工学博士。2001年6月初中毕业于新桥中学，当年取得体育特招（跳远单项）及中考成绩两项全县第一名。2004年9月至2008年6月就读于中南大学，获学士学位；2008年9月至2013年6月硕博连读于中国科学院大学（武汉岩土力学研究所），获岩土工程博士学位。

现任中国科学院武汉岩土力学研究所助理研究员，主要从事珊瑚礁工程地质/岩土力学、岩土材料颗粒表面特性、粗粒土微细观组构特征及其力学效应方面的研究工作。目前，主持国家自然科学基金项目一项，参与中科院战略性先导专项、科技部基础性工作专项以及国家自然科学基金等科研项目4项；主持或作为骨干参与各类横向课题8项。在国内外期刊上发表学术论文10篇，获授权专利2项。

刘宗璞

男，汉族，1973年1月出生，新桥中学十三级学生，1998年3月加入中国共产党。兰州大学历史系历史学专业毕业。曾任北京市通州区永乐店中学副书记、副校长兼工会主席，现任北京市通州区马驹桥镇教委办主任（正科级）。

常殿忠

1969年4月生，新桥中学初七级学生，1987年参军到部队，1990年考入军校，毕业后任职北京卫戍区某部副团职教员。

黄宗国

新桥中学初九级学生，1986年毕业于新桥中学。

1998年9月—2006年12月，历任费县探沂镇宣传委员、统战委员，费县探沂镇常务副镇长，费县探沂镇党委副书记（期间在浙江省嘉善县干窑镇做镇长助理）。

2006年12月—2016年6月，历任费县薛庄镇党委副书记，费县朱田镇党委副书记、镇长，费县朱田镇党委书记、人大主席，费县朱田镇党委书记。

2016年6月—2016年12月，费县胡阳镇党委书记。

2016年12月—2018年1月，费县发改局局长、党组书记。

2018年1月至今，费县探沂镇党委书记。

朱国栋

1990年9月—1993年8月，临沂新桥中学学习。

1993年8月—1996年9月，费县一中学习。

1996年9月—1998年7月，烟台大学国际经济专业学习。

1999年2月—2004年9月，临沂市费县新桥镇政府统计站统计员、办事员（期间，2001年9月—2003年12月在山东省委党校经济管理专业学习）。

2004年9月—2006年12月，费县探沂镇党委政法科员。

2006年12月—2011年12月，临沂市费县城北乡党委宣传、统战委员。

2011年12月—2015年2月，临沂市费县马庄镇党委组织委员。

2015年2月—2016年12月，临沂市费县探沂镇党委副书记。

2016年12月至今，临沂市费县探沂镇党委副书记、镇长。

张广忠

男，1971年出生，临沂市兰山区方城镇麻绪村人，现任中国人民解放军陆军航空兵学院军队管理教研室主任，副教授，大校军衔，正师级别。

1983年至1986年就读于新桥中学九级二班，并光荣地加入了中国共产主义青年团，后考入费县一中，1989年经高考考入中国人民解放军信阳陆军学院并入伍，1992年入党。曾在济南陆军学院、南京陆军指挥学院、石家庄陆军指挥学院受训，历任排长、副连长、连长、陆军航空兵学院教员、学科组长、教研室主任。共出版专著20部，发表、获奖学术论文80余篇，5项科研课题获奖。因在军队管理理论界研究成果突出，2011年获得中国人民解放军"军队管理学术研究高层次人才一等奖"，并被录入《军队管理研究中青年优秀人才名录》。

续利民

1976年10月出生，1995年7月参加工作，2001年5月加入中国共产党，山东省委党校研究生学历。

简历：

1989年9月—1992年7月，费县新桥中学学习。

1992年9月—1995年7月，临沂粮食学校会统专业学习。

1995年7月—1997年8月，费县探沂镇政府统计站、经贸办办事员。

1997年8月—2001年4月，费县探沂镇党政办常务副主任兼文化广播站站长（期间，1998年9月—2000年12月在山东省委党校本科班经济管理专业学习）。

2001年4月—2003年10月，费县探沂镇党政办副主任兼有线电视管理站站长。

2003年10月—2005年11月，费县县委组织部办事员。

2005年11月—2008年2月，费县县委组织部办公室秘书。

2008年2月—2010年4月，费县县委组织部副主任科员、办公室主任（期间，2008年9月—2011年6月在山东省委党校研究生班经济管理专业学习）。

2010年4月—2011年12月，费县县委组织部副主任科员、办公室主任、研究室主任。

2011年12月—2012年9月，费县薛庄镇党委副书记。
2012年9月—2014年8月，费县薛庄镇党委副书记、政协工作室主任。
2014年8月—2015年1月，费县马庄镇人大主席。
2015年1月—2016年11月，费县经济开发区副主任、党工委委员。
2016年11月—2018年1月，费县经济开发区党工委副书记。
2018年1月—2018年7月，费县商务局党委书记、局长。
2018年7月至今，费县扶贫办主任、党组书记。

裴玉合

1983年毕业于新桥中学。
高尔夫爱好者，《高尔夫大师》全国百佳球场评委。
北京鹰之队创始队长。
2008年7月7日创建北京高尔夫鹰之队。
2010年奥迪Quattro杯高尔夫锦标赛全国总冠军。
2010年奥迪Quattro杯高尔夫锦标赛世界总决赛B组总冠军。
北京靓城环境治理技术有限公司董事长，个人拥有五项实用新型发明专利。
敬业系企业（敬业投资、敬业达新型建材、敬业达装饰）并列最大股东。
开新汽车二手车帮卖平台天使投资人，绿优全装O2O平台天使投资人。
座右铭：吾以善小而为之。

王洪勇

男，1972年3月出生，临沂新桥中学初中十一级毕业生。后入部队服兵役，退伍后回村创业，任村党支部书记。2002年，成功创建当时费县最大规模的村级工业园，带领全村群众艰苦创业，打造提升村级经济和村民收入水平，让村民过上了小康生活，所在村居被山东省委、省政府评为"山东省先进基层党组织"和"山东省文明示范村居"。被评为"山东省劳动模范"，当选"山东省第十一届人大代表"。2006年，被共青团临沂市委评为"临沂市十大杰出青年"。2009年6月，考选入山东省乡镇机关公务员，调入费城镇人民政府工作，现在费县人大委员会工作。

李贵刚

男，1971年4月生，费县第十二中学初九级学生。山东大学本科毕业后到中国人民解放军总参谋部工作，曾获全军科技进步二等奖，现转业到北京市公安局工作。

历任派出所副所长、警务督察大队副大队长、法制处副处长。

刘恩浩

男，汉族，1984年出生，山东费县人，中共党员。新桥中学97级学生。2003年入伍。2005年至2009年，解放军电子工程学院学员，学士学位。现为空军第九工程总队干部，驻地为四川成都。历任排长、副连长、政治指导员、连长、主任等职。

刘夫余

男，汉族，1987年3月生，新桥镇中心初中97级学生。2009年大学毕业后考入山东省蓬莱市商务局参加工作；2012年考入深圳海关缉私局工作；2014年选调至中国海警局广东海警总队。

王　帅

男，医学博士，副主任医师，中共党员。1994年至1997年就读于新桥中学。本科及硕士就读于华中科技大学同济医学院，博士就读于山东大学。现工作于华中科技大学同济医学院附属荆州医院，任肝胆胰脾外科副主任，湖北省医学会普通外科专业青年委员会委员，湖北省肝胆疾病学会青年委员，湖北省肝癌专业委员会委员，湖北省肿瘤微创治疗专业委员会委员，中国抗癌协会会员，国家级住院医师规范化培训基地指导教师。

续元申

男，中共党员，兰山区方城镇西石桥村人，1962年生，新桥中学七级学生。本科学历，毕业于山东省财政学院会计学专业。现就职于临沂大学图书馆，副研究馆员职称，具有会计师、经济师资格。先后从事会计教学、文献资源建设与管理等工作，在《现代情报》等杂志上发表学术论文 11 篇，编写《会计学原理》等著作 4 部，获得山东省检验检疫局科技进步二等奖一项，主持、参与临沂市社科课题 5 项，获得国家实用新型专利 1 项，多次获得临沂大学优秀教育工作者、优秀共产党员称号。

续元蕊
教育经历：

1992—1994 年，小学，就读于费县新桥中心完小。

1994—1997 年，初中，就读于费县新桥中学。

1997—2002 年，高中，就读于费县实验中学。

2002—2006 年，大学，就读于山东理工大学经济学院，所学专业为经济学，辅修专业为财务管理。

工作经历：

2006 年 8 月，深圳帝法集团有限公司行政部职员；

2007 年 9 月　深圳帝业集团有限公司财务部职员；

2009 年 8 月　深圳市嘉谦纺织品有限公司财务主管；

2013 年 1 月　深圳市嘉谦纺织品有限公司经理。

2014 年 1 月，取得会计中级职称。

刘宗雨
新桥镇西大埠村人，1998 年毕业于新桥初中，2005 年毕业于山东科技大学文秘与办公自动化专业。毕业后在临沂矿业集团田庄煤矿工作，先后任临沂矿业集团田庄煤矿安监处秘书、党政办公室秘书、党政办公室副主任、宣传科副科长、团委副书记、监察科科长、宣传科科长、纪委副书记等职务。现任临矿集团田庄煤矿副总政工师、党群工作部部长、组织人事科科长。

刘士恺
1996 年至 1999，就读于新桥乡初级中学；1999 年考入费县第一中学；2002 年考入烟台大学水产养殖专业；2006 年至 2008 年考入中国海洋大学，攻读研究生学位，水产动物遗传育种方向；2008年获得"国家公派研究生项目"资助赴美国奥本大学攻读博士学位，从事水产动物基因组学、生物信息学及分子遗传育种领域的研究；毕业后继续从事研究工作至2017年。2017年5月，获聘为中国海洋大学"青年英才工程"第一层次教授、博士生导师，回国工作。目前承担多项国家级科研项目，共计获研究经费100余万元。

李春燕

女，生于1976年11月25日，新桥中学八九级学生。1999年8月英语专业毕业进入新桥中学任教。后攻读理学硕士研究生、管理学博士研究生。2007年8月入职杭州大学，现承担本科经济管理类教学及科研任务。

咸彦江

男，1980年12月生，中共党员，现任临沂市河东区人民法院主审法官，二级法官。2008年6月毕业于复旦大学法学院，2008年7月至2010年10月任山东今海瑞律师事务所律师。2010年12月至今在临沂市河东区人民法院工作，主要从事民商事审判工作，荣立个人三等功一次，集体一等功一次，先后获得"十佳政法干警""河东好人"等荣誉称号。

王苋芹

女，新桥中学89级校友，山东大智教育集团股份有限公司党委书记，济南市妇女第十四次代表大会代表，济南市历下区第十二次党代会代表，济南市历下区妇联兼职副主席，解放路街道党工委兼职委员。先后获得国家级骨干教师、山东省民办教育先进个人、山东省人民政府三等功、济南市担当作为好书记、历下区解放路街道优秀党务工作者等荣誉。

夏京利

中共党员，新桥中学高八级学生，硕士研究生学历，现任民生银行济南分行行长兼党支部书记。

金常民

新桥中学高四级学生，1978年2月至1987年2月在空军某部队服兵役。转业后，先后任职汪沟镇党政秘书、马庄镇副镇长、上冶镇人大副主任。

第九节　临沂新桥中学发展综述

新桥原名石桥（因与沂源县的石桥公社重名，1981年改为新桥），2011年前归费县管辖，最早称费县石桥人民公社。1968年前，石桥的学子上初中需到费县第五中学（校址在方城人民公社朱满村，距石桥人民公社15余里）。由于当时经济困难，加之交通不便利，到学校需步行。为了解决学生上学难的问题，也是为了让更多人接受教育，根据上级教学点下伸的指示，1968年10月费县第五中学将该校35名石桥公社籍学生下伸到石桥公社，随伸领导杨道、教师仰书成，把35名学生及下伸到石桥公社的费县四中的19名新桥籍学生组成1个班（成为高中第一级学生），借用石桥完小教室1口做教室，借石桥公社房屋1间做教师宿舍，与石桥完小教师配合安排课程给学生上课。

1969年春学生又搬到原石桥农中（校址在石桥人民公社大门里西侧，当时石桥人民公社大门朝北，和石桥完小错对门，石桥完小即现在的新桥派出所），1口教室，房屋2间，做教师宿舍兼办公室，开展教育教学活动。

● 1970年

1970年4月，来费县支左部队干部丁文法团长，教育局负责人，石桥公社革委会主任高士生、赵洪亮，石桥中学校长杨道共同议定分期分批征用东、西石桥大队南岭（原石桥人民公社南）所属土地36亩为校址。同时教育局调邸恩荣、借调石桥完小教师朱学义、石桥公社革委会副主任廖玉鹏、校长杨道、学生代表张学琴、贫下中农代表郑作武［当时，贫下中农管理学校，简称贫管会，成员有董红泰、孙秀云（女），贫管会后取消］等组成建校班子，具体负责建校工作。为了尽快将学校建成，从临沂直接调钢筋水泥，调用各村工匠，经过近 1 年的艰苦奋斗，建成教室 6 口（18 间），教室宿舍 9 间，学生宿舍 9 间。同年 12 月，根据学生来源及广大群众要求，费县教育局决定在石桥中学招收 2 个初中班 100 人，1 个高中班 50 人，调来教师 18 名。学校正式成立，命名为费县第十二中学，杨道任校长。

20 世纪六七十年代，以学为主，兼学别样，教育与生产劳动相结合，学工、学农、学军，兴办农场、工厂。

在学校操场西侧有试验田 1.5 亩，供学生学农实验。

● 1971 年

1971 年，杨道校长调走，徐鹤年校长调入。
领导班子：
校　　长：徐鹤年（1971—1976）
教导主任：孔照红（1972—1974）；张冠甲（1974—1976）

为了办学需要，在这几年之间，学校建教室 9 间、学生宿舍 10 间、办公室 9 间、伙房 9 间、家属院 9 间，打井 1 眼。学校规模开始不断扩大。

● 1972 年

1972 年，学校更名为石桥中学。
孔照红调入，任教导主任。

● 1974 年

1974 年孔照红调走，张冠甲调入，任教导主任。
（以上这段时间，全体教职工、学生利用课余时间，搬运建筑材料，筑

青山着意化为桥

墙修路，为学校建设做出了巨大贡献。尤培成老师诗曰：石头全成厕所墙，条子编成大抬筐，气补大皮就是好，支援农业多打粮。)

● 1976年

1976年6月徐鹤年校长调走，邓光增校长调入。

领导班子：

校　　长：邓光增（1976—1987）

教导主任：张冠甲（1976—1983）；林立生（1983—1986）；刘国龙（1986—1987）

总务主任：王义祥（1982—1987）

在这期间，学校边抓教学，边搞校建，共建教室9间。

1976年，拨乱反正，学校由学工、学农等转为以教学为中心，学校教育教学逐步走向正规。

唐山大地震后，为了防震，建防震棚9间。1977年费县防震办公室在学校安地震测报点。

● 1977—1979年

1977年，高考制度恢复后，学校迅速调整工作思路，统一教师思想，更加坚定了以教学为中心的工作思路，努力提高教学质量和升学率（并非片面追求升学率），揭开了为社会主义建设培养德、智、体全面发展人才的育人新篇章。

同时，学校还制定了各种工作制度和奖惩办法，极大调动了广大教师的工作积极性和学生的学习积极性。

1978—1979年，为了满足学生上晚自习的需要，建发电室3间，购买柴油机1台，发电机1台，以备停电时使用。

● 1980 年

1980年，为了响应勤俭办学的号召，在学校东墙建照相馆、商店4间，于1981年正式营业，给予了学校资金上的支持。

● 1981 年

1981年，林立生任教导副主任。

全校掀起了"五讲四美三热爱"为内容的文明礼貌月活动。学校利用广播、黑板报对全体师生进行了广泛宣传教育，并落实到实际行动上，好人好事层出不穷。

在举办的县篮球比赛中，校队获县篮球赛男队第一名、女队第五名。在县中小学田径运动会中，学校获田径运动会第一名。在县组织的中小学生美术展览中，学校选送作品获得第一名。学校学生作品参加地区中小学生美展，教师作品参加省展。西院墙重新垒建。

● 1982 年

1982年，根据县教育局的统一部署，不再招收高中班。所招的学生称初X级。

学校开展学习张海迪活动，学生通过听报告、看电视、出黑板报等形式，学习张海迪身残志坚的精神。学生们更加严格要求自己，刻苦学习文化知识，立志成为"四化"建设的有用人才。

参评地级优秀教师及三好学生（教师袁俊堂、学生陈新志当选）。

张冠甲主任调走，林立生主持工作。

获县田径运动会第五名；学生崔士奎参加"全国少年儿童民族乐比赛"，获三等奖，得一枚铜牌。

● 1983年

1983年，张如银被评选为省级模范班主任。

当年初中升学成绩居县第一名；体育运动比赛获县排球赛第一名、乒乓球赛第七名、田径运动会第六名。

当年4月30日晚，吕家寨受龙卷风灾，师生黑夜抢险救灾，踊跃捐款181.5元，为灾区人民献出了一片爱心。

王建启被评为县级优秀教师。7月崔世奎去青岛参加第一届全国少年文艺夏令营活动。10月，学校美术教师参加省第二届版画展，作品选送山东教育出版社。

根据团中央的号召，学校掀起了学习张海迪的热潮，各年级成立学习张海迪小组，好人好事层出不穷。

1983年张冠甲调走，林立生任教导主任。

● 1984年

1984年，根据上级要求，学校进行"六配套"（即一无两有六配套。一无：无危房；两有：有教室、有课桌凳；六配套：宿舍、灶房、围墙、厕所、大门、操场）。

● 1985年

1985年，学校更名为新桥中学。

（以上阶段属国办中学，以下阶段为乡属学校。）

● 1987年

1987年刘富恕校长调入，邓光增校长调走。

领导班子：

校　　长：刘富恕（1987—1993）
副 校 长：曹光福（1987—1993）；刘兆华（1987—1993）
工会主任：刘国龙（1987—1993）
教导主任：林化玉（1987—1991）；张怀堂（1991—1993）
总务主任：张永坤（1987—1993）
团委书记：王有银（1987—1991）；王如义（1991—1992）

● 1988 年

1988 年中小学分家，原大官联中、吉庆联中、唐庄联中、墩头联中划归新桥中学。

当年升学成绩全县第二名（特别是小中专升学），在社会上引起强烈反响，周边乡镇的学生纷纷到新桥中学求学。

● 1989 年

1989 年，新桥公社改为乡，称新桥乡（后又改为镇）。学校更名为新桥乡（镇）中心初级中学。

寒假开学，大官联中、吉庆联中撤销，合并到新桥中学。

● 1990 年

1990 年，实行年级负责制，每年级配备一名年级主任，全面负责本年级的教育教学及学生管理工作。

● 1991 年

1991 年，王有银调走，王如义任团委书记。学校校园美化绿化，被评为市级规范化学校。

● 1992 年

1992 年，被评为市级花园式学校。

● 1994 年

1994 年，曹广富任校长，刘富恕任党支部书记。

教育实行三制改革（校长负责制，教职工全员聘任制，动态结构工资制）。学校领导班子调整如下：

领导班子：

校　　长：曹广富（1993—1996）

副 校 长：张怀堂（1993—1996）；王如义（1993—1996）；刘兆华（1993—1996）

工会主任：刘国龙（1993—1996）

教导主任：殷景奎（1993—1996）

政教主任：吴士富（1993—1996）

总务主任：张永坤（1993—1996）

团委书记：续宗学（1993—1996）

为了办学需要，学校扩建至南路，征东、西石桥土地 10 余亩，由新桥镇投资，建 2 座教学楼（6008 平方米，是农村中学唯一有楼的），师生厕所一处（168 平方米），大门由东门改为南门。

● 1995 年

1995 年，教学楼竣工。

● 1996 年

1996 年 4 月，刘富恕任校长，曹光福借调到镇里工作，王如义调到成人教育学校任校长。

领导班子调整如下：

校　　长：刘富恕（1996—1999）

副 校 长：刘宗法（1996—1999）；陈凤明（1996—1999）

工会主任：刘国龙（1996—1999）

教导主任：殷景奎（1996—1999）

政教主任：吴士富（1996—1999）

总务主任：张永坤（1996—1999）

团委书记：郭　勇（1996—1999）

教学楼开始使用。当年夏天，唐庄联中撤销，合并到新桥中学。

● 1997 年

1997 年，由于学生增加，操场需要扩建，征西石桥土地 15 亩（原学校西），操场改到学校西边。语文教学实施单元教学法。

● 1998 年

1998 年，在费县教育局的关怀下，建语音室 1 口。

● 1999 年

1999 年，学校名称改为新桥乡初级中学。

8 月 4 日，王洪春校长调入，刘富恕校长退休。

领导班子：

校　　长：王洪春（1999.9—2007.4）

副 校 长：魏洪存（1999.9—2003.8）

　　　　　白秀成（1999.9—2007.4）

　　　　　赵永灵（2005.9—2007.8）

刘宗法（2005.9—2007.8）

工会主任：白秀成（1999.9—2005.8）

李建国（2005.9—2007.8）

教导主任：殷景奎（1999.9—2000.8）

赵永灵（2000.9—2005.8）

杨洪祥（2005.9—2007.8）

政教主任：李建国（1999.9—2002.8）

张庆举（2002.9—2007.8）

总务主任：张永坤（1999.9—2005.8）

续宗纪（2005.9—2007.8）

团委书记：郭　勇（1999.9—2000.8）

梁继军（2000.9—2003.8）

续宗如（2003.9—2007.8）

刘成涛（2007.9—2010.8）

刘宗法校长调走，陈凤明调到镇教委。

实行教干教师聘任制。学校先聘任中层教干，中层教干再聘任教师，层层聘任，责任到人，极大提高了教师的积极性。

为了便于管理，建女生公寓1座（2206平方米）。

荣获"县级花园式学校"称号。

● 2000年

2000年9月，赵永灵任教务主任。

女生公寓交付使用，由于管理规范，成为学校一道靓丽的风景线。

教学活动：捆绑式教学与评价，避免单打独斗，培养教师合作意识和团队精神；为了避免无准备上课，实行推门听课。

荣获"县教学工作先进单位"称号。

● 2001 年

2001 年，学校名称改为新桥镇初级中学。

为了改善教师住房条件，建教师公寓楼 2 座（860 平方米）。实施小广场绿化，建多媒体教室 1 口，微机室一口。

教学活动：先学后教，当堂达标。

荣获"县教学工作先进单位""伙房管理先进单位"称号，奖电视机 1 台。

● 2002 年

2002—2007 年济南大学来我校对口帮扶，还资助我校学生李玉清完成从初中到大学的学习任务。教师公寓楼交付使用。

教育教学活动：实行大课间操，拓展了学生活动空间。

荣获县"建功费县，立业家乡"先进集体称号，荣获镇"建功立业在新桥"奖，获评县职教招生工作先进单位。

● 2003 年

2003 年 8 月，魏洪存校长调走。

暑假，墩头联中撤销，合并到新桥中学，至此，结束了下设联中的局面，初中生全部集中到新桥中学就读。

获评县职教招生工作先进单位。

● 2004 年

2004 年，为了满足教师住房需求，在学校西北角藕池处建设宿舍 2 排（共 56 间）。三机一幕（投影机、录音机、电视机、幕布）进课堂，提高了课堂效率，丰富了学生生活。

荣获镇"人口与计划生育工作先进单位"称号，获评县先进团委，获评县级文明单位。

● 2005 年

2005 年 9 月，刘宗法调入，任副校长，赵永灵任副校长，杨洪祥任教导主任，李建国任工会主任。10 月，由镇政府投资，建综合办公楼 1 座。

荣誉：临沂市电化教育先进单位，县红旗团委，镇平安建设先进单位，镇"人口与计划生育工作先进单位"。

● 2006 年

2006 年荣誉：镇先进党支部，县地震科普示范学校。

● 2007 年

2007 年，4 月 7 日刘佳校长调入，王洪春校长调到镇教委任教委主任兼学校党支部书记。

领导班子：

校　　长：刘　佳（2007.4—2017.8）
副 校 长：刘宗法（2007.9—2010.8）
　　　　　赵永灵（2007.9—2010.8）
　　　　　李玉峰（2007.9—2017.8）
　　　　　杨洪祥（2007.9—2017.8）
工会主任：李建国（2007.9—2010.8）
　　　　　王立功（2010.9—2017.8）
教务主任：杨洪祥（2007.9—2010.8）
　　　　　王成东（2010.9—2017.8）
政教主任：李玉峰（2007.9—2010.8）
　　　　　郭　勇（2010.9—2014.1）

　　　　　张庆永（2014.1—2017.8）
总务主任：续宗纪（2007.9—2010.8）
　　　　　张美忠（2010.9—2014.1）
　　　　　郭　勇（2014.1—2017.8）
团委书记：刘成涛（2007.9—2010.8）
　　　　　张庆永（2010.9—2012.2）
　　　　　刘明霞（2012.3—2016.8）
　　　　　高连美（2016.9—2017.8）
安全办主任：李玉峰（2008.9—2010.8）
　　　　　　刘成涛（2010.9—2011.8）
　　　　　　张庆永（2011.9—2014.1）
　　　　　　王　新（2014.1—2017.8）
教科室主任：王成东（2009.9—2010.8）
　　　　　　续宗纪（2010.9—2014.8）
　　　　　　王成东（2014.9—2017.8）

　　为了解决学生在宿舍就餐和宿舍卫生问题，在学校中东部建钢结构餐厅一座（787平方米），学生全部到餐厅就餐。同年，全县中小学校长来我校检查指导餐厅工作。小广场重新开始美化绿化。

● 2008年

　　2008年，汶川地震，全体党员积极响应上级号召，为灾区献一份爱心，交特殊党费200元。
　　荣誉：县群众满意的乡镇站所。

● 2009年

　　2009年，为了满足教学需要，在综合办公楼西侧建框架结构教学楼1座（1397平方米）。

荣誉：县红旗团委，镇履行人口和计划生育分工职责先进单位，县春季运动会第十一名，县红旗团委。

● 2010 年

2010年，校级领导班子调整，李玉峰、杨洪祥任副校长，王立功任工会主任，王成东任教务主任，刘宗法校长内退，赵永灵校长调到镇教委任主任。

为解决教师住房问题，学校协调，由自愿报名买楼的教师组成建楼委员会，在学校西北角建教师公寓1座。

荣誉：县春季运动会第九名，市"祖国在我心中征文大赛"学校组织奖。

● 2011 年

2011年1月，新桥镇划归兰山区，学校更名为临沂新桥中学。

学校协调，由自愿报名买楼的教师组成建楼委员会，在学校东北角建教师公寓1座。

荣誉：区优秀基层团组织，市学党史优秀组织奖，区教育综合督导二等奖，市人民防空教育先进集体。

● 2012 年

2012年，为了实现教育信息化和办公无纸化，学校为前勤教师全部配上4000元的笔记本电脑（学校、教师各出资一半）。实行一张纸管理模式。

荣誉：区优秀基层团组织，区"体彩杯"田径运动会初中组团体总分优秀奖，区优秀基层团组织，区后勤服务先进集体，镇先进基层党组织，区安全工作先进单位，市民防空教育先进集体，镇"关心教育，情系方城"奖。

11月区教体局为我校捐书。

● 2013 年

2013 年，七、八、九年级教室全部配电子白板，提高了教学效率。

由于小学教师和校舍紧张，9 月招收六年级学生，开始了六年级到初中衔接的教学模式探讨研究。在教学中，提出"课堂教学十二条"策略。

荣誉：市第四届中小学生读书系列活动二等奖，市第四届中小学生读书系列活动先进集体，区"体彩杯"田径运动会初中组团体总分第七名，区优秀基层团组织，区第二届教师体育基本功大赛二等奖，市第五届中小学生读书系列活动先进集体，区羽毛球大赛优秀组织奖，镇综合工作先进单位，区安全生产先进单位，区教育教学进步奖，区安全工作先进单位，区教育综合督导先进学校二等奖，区教育教学质量优秀奖，区部门决算先进单位，国有资产管理先进单位，区优秀基层团组织。

我校七年级 7 班学生裴晓鑫患白血病，学校号召全校师生为其捐款 18639 元，其中教师捐款 7850 元，学生捐款 10789 元（六年级 2411 元，七年级 2075.5 元，八年级 2888.5 元，九年级 3414 元），为裴晓鑫同学献出了一片爱心。

四中语文教师来我校支教。

● 2014 年

2014 年，学生餐厅由学校管理变为对外承包（学生餐厅由临沂森富餐饮公司承包）。

为满足义务教育均衡发展验收要求，由镇政府投资，建学生餐厅楼 1 座（2907 平方米），男生公寓 1 座（4600 平方米），改建学生厕所 1 处，所有楼房粉刷一新，操场铺橡胶跑道，新购图书 2 万册。

荣誉：区精神文明奖，区首届中小学生体育节初中组团体总分第五名，区中小学生排球联赛初中组女子组第四名。

八中、六中语文教师来我校援教。

青山着意化为桥

● 2015 年

2015 年，区级课题"引桥教学课题研究"立项。

荣誉：市第六届中小学生读书系列活动先进集体，区普法依法治理工作、综合工作先进单位，区巾帼文明岗，区优秀基层团组织，区中小学体育教师教学基本功比赛二等奖，区运动会优秀奖，区篮球赛初中男子组第六名，市十届校园歌手电视大赛优秀组织奖，区普法依法治理工作优秀基层团组织，区普法依法治理工作先进集体。

● 2016 年

2016 年，镇政府投入大量资金的综合楼（17438 平方米）和男生公寓楼（4702 平方米）动工。

荣誉：区运动会团体总分优秀奖，镇"三八"红旗集体，临沂市平安和谐校园，区安全生产工作先进单位，区优秀基层团组织。

● 2017 年

2017 年 8 月 28 日，孟黎校长调入，刘佳校长调走。
领导班子：
校　　长：孟　黎（2017.9—）
副 校 长：李玉峰（2017.9—）
　　　　　杨洪祥（2017.9—）
工会主任：王立功（2017.9—）
教务主任：张庆永（2017.9—）
政教主任：王成东（2017.9—）
总务主任：郭　勇（2017.9—）
团委书记：贺文杰（2017.9—）
教科室主任：邵泽军（2017.9—）

安全办主任：石少友（2017.9—）

9月，为了更好地加强学校管理，成立了督导室，刘宗法任督导室主任。督导室工作人员每天对班主任、学生上操情况、卫生区、教室、宿舍卫生情况、学生晚睡情况等进行检查量化，并及时在公示栏进行公示。

10月，中层教干调整，由原来的13人调整为10人（含4名年级主任。六年级：杨远名；七年级：张贵爱；八年级：陈功玲；九年级：狄焕平），重新调整职务。

暑假开学，综合楼、女生公寓楼交工使用。综合楼开始进行附加工程建设和管网改造。门卫、综合楼、男女宿舍楼由原来的教师值日改为由恒瑞物业公司管理。学生宿舍、教室、办公室全部安了直饮机。上800千伏变压器1台。六楼报告厅装修。新上微机室1口（48台），教室上触摸屏一体机35套。全校网络、监控全覆盖。拆除楼房3座（计9232平方米）。男、女生宿舍全部安装空调。合作学习课堂教学启动，确定"智慧课堂班"2个。提出捆绑式评价，创优秀团队。

荣誉：市中小学篮球联赛男子初中组第六名，市中小学排球联赛男子初中组第六名，区"迎十九大、庆国庆"党史教育竞赛三等奖，区"迎十九大、庆国庆"党史教育竞赛优秀组织奖；全国"普法先行"先进单位。

● 2018年

2018年3月，为了更好地提高教学质量，成立了教学研究室，赵永灵任教研室主任。教研室成员每周听课不少于8节，两周对学生的作业进行检查一次，听课、作业情况由教学研究室主任在每周五教干例会上进行公布。

根据上级文件精神，开展了党员干部纪律作风集中整顿活动。

4月，建校50周年（2019年）校庆准备活动正式启动；开展教师慈善1日捐活动；4月14日，开展王占勇、李如青捐资助学活动。

5月，开展校园绿化活动；开展合作学习课堂达标活动；实施智慧课堂建设（2个班）；12个学生社团成立；《少年天地》小记者站授牌；5月16

日全区八年级数学教研活动在我校举行，张仁锴老师上了示范课；开办了一月一次的学校名师讲堂。

6月，国家级课题《桥文化校本课程推进研究》立项。

经过全体教师的共同努力，2018年，学校升入高中人数达到126人，创历史新高，受到了社会各界的一致好评。

荣誉：区教研督导先进集体，区教育教学先进单位，区教育教学进步奖，区学校安全管理先进单位，区学校工会、女工先进单位，区安全生产先进单位。

下学年不再招收六年级。

7月，为了实施"智慧课堂"和"小组合作学习"课堂教学改革，在蒙山公园对全体任课教师进行了为期3天的课堂改革培训。

9月，学校班子作了调整：郭勇主任调走，石少友任总务主任，张仁锴任总务副主任，张贵爱任工会办公室主任、女工委主任，阚君美任政务处副主任，杨远名任综治办主任。

在上一个学期的基础上，学校大力推进智慧校园建设，现已建成20个智慧课堂班、12个合作学习班，提出了"336"教学模式。"智慧校园建设"走在了全市乃至全省乡村中学的前列。

● 2019年

2019年2月，为了学生吃得好，达到营养搭配均衡，避免浪费，学校建成了智慧餐厅，学生可以在网上订餐。3月，为了学生的全面发展，开设了35门卓越课程，配备专职教师，学生可以自由选择，每周三下午集中学习。4月9日，山东省联研共同体教研活动在我校举行。4月21日，兰山区举行了中小学女子排球联赛，我校参赛队员经过奋力拼搏，荣获初中组亚军。

第十节 新桥中学组织架构及校园布置

一、新桥中学组织结构

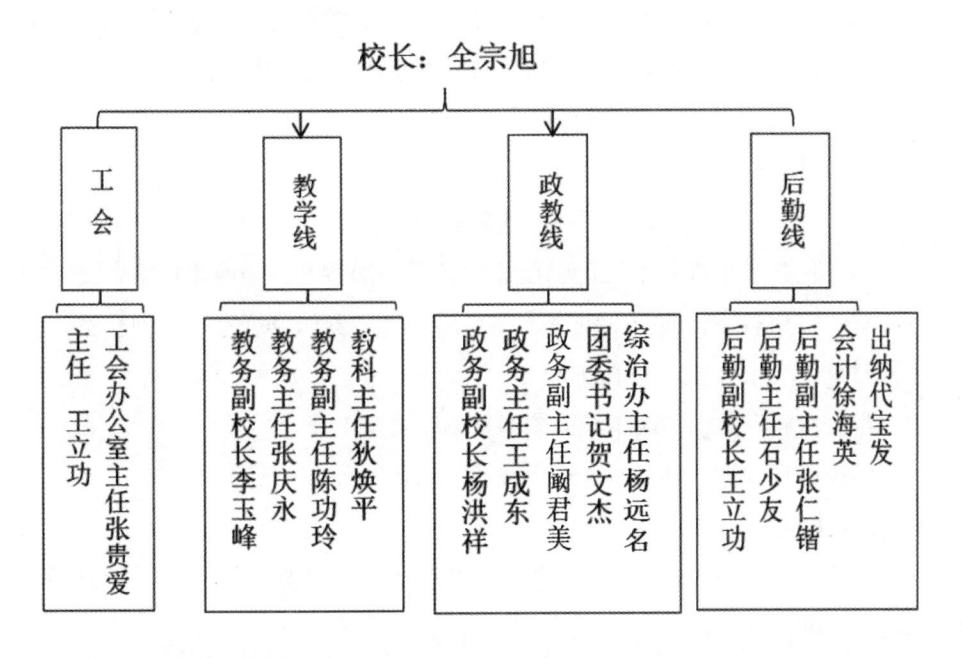

校长：全宗旭

- 工会
  - 工会办公室主任张贵爱
  - 主任 王立功
- 教学线
  - 教务副校长李玉峰
  - 教务主任张庆永
  - 教务副主任陈功玲
  - 教科主任狄焕平
- 政教线
  - 政务副校长杨洪祥
  - 政务主任王成东
  - 政务副主任阚君美
  - 团委书记贺文杰
  - 综治办主任杨远名
- 后勤线
  - 后勤副校长王立功
  - 后勤主任石少友
  - 后勤副主任张仁锴
  - 会计徐海英
  - 出纳代宝发

二、办学条件

为贯彻落实党的教育方针，我校历届领导班子和全校教职工一起群策群力，不断整合、拓展学校教育教学资源，使我校的办学条件日趋完善。

我校占地面积 63466.98 平方米，建筑面积 30045 平方米，校园绿化率 27%。经过多年的努力，彻底消除了砖瓦结构的教室、宿舍，全部变成了框架结构的楼房。目前，学校教学区、运动区、生活区实现了分割布局，既相对独立，又紧密相连，极大地方便了全校师生的工作、学习、生活、运动、养生需求。

1. 教学区

目前，学校会议、办公、教学全部集中于综合楼内。

学校现有 52 个教学班，每班均配有西沃一体机。其中，40 个"智慧课堂"班、22 个"合作学习"班，并配有级办公室、年级会议室。

学校配备了党员活动室、德育展室、团员活动室、少先队活动室，使其成为了对全校师生进行思想教育的主阵地。

学校还配备有小会议室、大会议室；在综合楼 6 楼，筹建了能容纳 2000 人参加的，集举行大型会议、演出、公开课于一体的多功能会议室。

为满足教学需要，学校配备了计算机教室、录播室、综合实践活动室、档案室、历史教室、网络中心、理化生实验室、准备室、仪器室、生物培养室、化学药品室、每学科集体备课室、地理教室。

为促使学生个性化发展，学校还配备了书法教室、美术器材室、文学社办公室、象棋教室、魔方活动室、体育活动室、器乐排练室、瑜伽教室、音乐器材室、音乐教室、舞蹈教室。

学校现建有藏书 56451 册的图书室、阅览室 1 口。

学校用钉钉软件办公，真正实现了无纸化办公。

2. 运动区

我校整个运动区域分为两部分——塑胶体育运动场（内有足球活动场所）和与之相邻的单双杠区、篮球区、排球区、健身区。

3. 生活区

我校建有男女生公寓各 1 栋，公寓内配有完善的卫生间、洗漱间以及其他设施；男女公寓分别配备了 1 名生活教师。

建有学生餐厅一处，能容纳近 2000 名师生就餐。

学校建有两栋四层教职工宿舍楼。

我校新规划了两栋教学楼，此工程的管网、绿化、大门、公共厕所将一体化建设。目前，该工程已完成规划设计，招标工作也已结束，现已破土动工。

上述工程为二期建设。

三期工程计划建设一栋学生餐厅，建筑一栋体育馆。

新餐厅将紧邻现在的餐厅,体育馆将建在运动区内。

学校现有教职工 183 人,师资力量雄厚,其中研究生学历 1 人,本科学历 111 人,专科学历 16 人,学历全部达标。

第十一节　临沂新桥中学大事记

时间	主要事件	备注
1970 年	上级领导筹划校址,征用东、西石桥土地 36 亩,建教室 18 间,学生宿舍 9 间,教师宿舍 9 间。招初中 2 个班,学生 100 名;高中 1 个班,学生 50 名。校长:杨道。	
1971 年	建办公室 9 间,伙房 9 间。杨道校长调走,徐鹤年校长调入。	
1972 年	建教室 9 间。孔照红主任调入(教导主任)。	
1974 年	建学生宿舍 10 间。孔照红主任调走,张冠甲主任调入。	
1975 年	建家属院 9 间,打井一眼。	
1976 年	建防震棚 9 间,6 月徐鹤年校长调走,邓光增校长调入。	
1977 年	县防震办公室在学校安测报点。	
1978 年	买柴油机 1 台。	
1979 年	建发电机房 3 间(其中 1 间水室),购发电机 1 台。	
1980 年	创办照相馆,建照相室、门头共 4 间。在校园西北角挖藕池 1 个。	
1981 年	照相馆开业。林立生提拔为教导副主任。校队获县篮球赛男第一名、女第五名,获县田径运动会第一名。获县中小学生美术展览第一名,参加地区中小学生美展,教师作品参加省展。垒西院墙。	
1982 年	建教室 9 间,评选地级优秀教师及三好学生(教师袁俊堂、学生陈新志当选)。高中班撤销,张冠甲主任调走,林立生主持工作。获县田径运动会第五名。学生崔士奎参加"全国少年儿童民族乐比赛",获三等奖,得一枚铜牌。购配电盘。	

61

续表

时间	主要事件	备注
1983年	张如银获选省级模范班主任。初中升学成绩居县第一名。获县排球赛第一名，乒乓球赛第七名，田径运动会第六名。4月30日晚，吕家寨受龙卷风灾，踊跃捐款181.5元。王建启被评为县级优秀教师。7月崔世奎去青岛参加第一届全国少年文艺夏令营活动。10月，美术教师参加省第二届版画展，作品选送山东教育出版社。	
1984年	学校进行六配套。	
1985年	初中升高中人数全县第一名。	
1986年	林立生调走，张如银提教导主任。	
1987年	刘富恕校长调入，邓光增校长调走。	
1988年	中小学分家。升学成绩全县第二。	
1989年	中小学分家，原归小学管辖的大官联中、吉庆联中、唐庄联中、墩头联中划归新桥中学。春，大官联中、吉庆联中撤销，合并到新桥中学。	
1990年	实行年级负责制，每年级配备一名年级主任。	
1991年	新建教室4排，共48间，可容纳16个教学班。	
1992年	新建教室2排，共18间，可容纳6个教学班。	
1993年	校园美化绿化。荣誉：市级规范化学校。	
1994年	学校实行"三制"改革。曹广富任校长，刘富恕任党支部书记。学校扩建至南路，征东、西石桥土地10余亩。建2座教学楼（6008平方米），师生厕所一处（168平方米），大门由东门改为南门。	
1995年	教学楼竣工。	
1996年	4月，刘富恕任校长，曹广富借调到镇上工作。教学楼开始使用。夏，唐庄联中撤销，合并到新桥中学。	
1997年	征东、西石桥土地15亩，新建操场。语文单元教学法实施。	
1998年	建语音室1口。	
1999年	8月4日，王洪春校长调入，刘富恕校长退休。实行教干教师聘任。建女生公寓1座（2206平方米）。荣誉：县级花园式学校。	
2000年	女生公寓交付使用。教学活动：捆绑式教学与评价，避免单打独斗，培养教师合作意识、团队精神，实行推门听课活动。荣誉：县教学工作先进单位。	
2001年	建教师公寓楼2座（860平方米）。小广场绿化，建多媒体教室1口，微机室一口。教学活动：先学后教，当堂达标。荣誉：县教学工作先进单位，伙房管理先进单位。奖电视机1台。	

续表

时间	主要事件	备注
2002年	2002—2007年济南大学来我校对口帮扶。教师公寓楼交付使用。教育教学活动：实行大课间操。荣誉：县"建功费县，立业家乡"先进集体，"镇建功立业在新桥"奖，县职教招生工作先进单位。	
2003年	夏，墩头联中撤销，合并到新桥中学。荣誉：县职教招生工作先进单位。	
2004年	在学校西北角藕池处建设宿舍2排（共56间）。四机一幕进课堂。荣誉：镇"人口与计划生育工作先进单位"，县先进团委，县级文明单位。	
2005年	10月，建综合办公楼1座。荣誉：临沂市电化教育先进单位，县红旗团委，镇平安建设先进单位，镇"人口与计划生育工作先进单位"。	
2006年	荣誉：镇先进党支部，县地震科普示范学校。	
2007年	4月7日，刘佳校长调入，王洪春校长内退。建钢结构餐厅一座（787平方米），小广场重新开始绿化。	
2008年	汶川地震，全体党员交特殊党费200元。荣誉：县群众满意的乡镇站所。	
2009年	建框架结构教学楼1座。荣誉：县红旗团委，镇履行人口和计划生育分工职责先进单位，县春季运动会第十一名，县红旗团委。	
2010年	建教师公寓楼1座。荣誉：县春季运动会第九名，市"祖国在我心中征文大赛"学校组织奖。	
2011年	1月，划归兰山区，学校更名临沂新桥中学。建教师公寓楼1座。荣誉：区优秀基层团组织，市学党史优秀组织奖，区教育综合督导二等奖，市人民防空教育先进集体。	
2012年	实行一张纸管理模式。荣誉：区优秀基层团组织，区"体彩杯"田径运动会初中组团体总分优秀奖，区优秀基层团组织，区后勤服务先进集体，镇先进基层党组织，区安全工作先进单位，市民防空教育先进集体。镇"关心教育，情系方城"奖。	
2013年	9月，实行四年制初中衔接教学模式，开始招收六年级，提出课堂教学十二条策略。荣誉：市第四届中小学生读书系列活动二等奖，市第四届中小学生读书系列活动先进集体，区"体彩杯"田径运动会初中组团体总分第七名，区优秀基层团组织，区第二届教师体育基本功大赛二等奖，市第五届中小学生读书系列活动先进集体，区羽毛球大赛优秀组织奖，镇综合工作先进单位，区安全生产先进单位，教育教学进步奖，区安全工作先进单位，区教育综合督导先进学校二等奖，区教育教学质量优秀奖，区部门决算先进单位，国有资产管理先进单位，区优秀基层团组织。	

续表

时间	主要事件	备注
2014年	学生餐厅由学校管理变为对外承包（学生餐厅由临沂森富餐饮公司承包）。义务教育均衡发展，建学生餐厅楼1座（2907平方米），男生公寓1座（4600平方米），改建学生厕所1处，所有楼房粉刷一新，操场铺橡胶跑道，新购图书2万册。荣誉：区精神文明奖，区首届中小学生体育节初中组团体总分第五名，区中小学生排球联赛初中组女子组第四名。	
2015年	引桥教学课题研究。荣誉：市第六届中小学生读书系列活动先进集体，区普法依法治理工作、综合工作先进单位，区巾帼文明岗，区优秀基层团组织，区中小学体育教师教学基本功比赛二等奖，区运动会优秀奖，区篮球赛初中男子组第六名，市十届校园歌手电视大赛优秀组织奖，区普法依法治理工作优秀基层团组织，区普法依法治理工作先进集体。	
2016年	综合楼动工（17438平方米）、男生公寓楼动工（4702平方米）。荣誉：区运动会团体总分优秀奖，镇"三八"红旗集体，临沂市平安和谐校园，区安全生产工作先进单位，区优秀基层团组织。	
2017年	8月28日，孟黎校长调入，刘佳校长调走。9月，成立督导室，刘宗法任督导室主任。10月，中层教干调整。暑假开学，综合楼、女生公寓楼交工使用。综合楼附加工程建设，管网改造，门卫、综合楼、男女宿舍楼由原来的教师值日改为由恒瑞物业公司管理。学生宿舍、教室、办公室全部安了直饮机。上800千伏变压器1台。六楼报告厅装修，新上微机室1口（48台）。教室上触摸屏一体机35套，全校网络、监控全覆盖。拆除楼房3座（计9232平方米），男、女生宿舍全部安装空调。合作学习课堂教学启动，提出捆绑式评价思路，积极创优秀团队。荣誉：市中小学篮球联赛男子初中组第六名，市中小学排球联赛男子初中组第六名，区"迎十九大、庆国庆"党史教育竞赛三等奖，区"迎十九大、庆国庆"党史教育竞赛优秀组织奖；全国普法先行先进单位。	
2018年	3月，成立教学研究室，赵永灵任教研室主任。开展党员干部纪律作风集中整顿活动；4月，50周年（2019年）校庆准备活动正式启动；开展教师慈善1日捐活动。4月14日，开展王占勇、李如青捐资助学活动；5月，实施校园绿化；开展合作学习课堂达标活动，实施智慧课堂建设（2个班）；12个学生社团成立；《少年天地》小记者站授牌；5月16日全区八年级数学教研活动在我校举行，张仁锴老师上了示范课；开办了一月一次的学校名师讲堂。荣誉：区教研督导先进集体，区教育教学先进单位，区教育教学进步奖，区学校安全管理先进单位，区学校工会、女工先进单位，区安全生产先进单位。 7月8日—10日在蒙山公园举办了为期3天的教师培训。 暑假开学，建成20个智慧课堂班、12个合作学习班。	
2019	2月，建成智慧餐厅。3月，开设卓越课程。4月9日山东省联研共同体教研活动在我校召开；4月21日，我校女排在兰山区组织的中小学排球联赛中荣获亚军。	

第三章　党团文化

我校自建校以来，非常重视党团建设，并发挥其先锋作用。党团组织建设完备，并配有党团办公室，党员、团员活动室。坚持党团共建，党团定期上党课、团课，按规定纳新党、团员，按时召开民主生活会。认真学习党的十九大报告精神，认真开展"六查六看"、反腐倡廉、书记为我戴党徽等活动，定期到革命老区接受革命传统教育。全体党员在学校教育改革和发展中起到了模范带头作用。

我校党群关系融洽。学校每周五为校长接访日；每年对贫困教师走访慰问；教师节召开退休教师座谈会，征求老教师的意见和建议，对推动我校发展起到了积极作用。

自2019年8月底我校新的领导班子成立后，学校党支部按照"1315"的工作思路，认真开展了各类党建活动。

具体说，"1315"就是学校设立一个党支部，3个年级设立3个党小组，每1名党员联系5名教职员工。

第一节　党的建设活动集萃

● 临沂新桥中学召开党支部换届选举大会

为进一步加强学校党的建设，推进学校党支部工作规范化、制度化，根据中共兰山区教育工委批复，2019年9月22日下午，临沂新桥中学党支部换届选举工作圆满完成。我校党建指导员、兰山区教体局教研室初中部主任池肖杰出席会议。

会上，党支部书记、校长全宗旭同志代表上届党支部向大会作了工作报告。在报告中，全宗旭首先回顾了上一届支部委员会三年多的工作情况，并从品牌建设、教学工作、落实党员积分制管理三个方面全面概括地总结了上届支委会取得的成绩，展望了对学校美好发展前景的期待，同时对下届党支部工作提出了建议。大会以热烈掌声通过了报告。

随后，表决通过了《临沂新桥中学支部委员会选举办法》和监票人、计票人名单。李玉峰同志对新一届党支部委员进行了介绍，大会充分酝酿并一致通过了候选人名单，通过了监票人和计票人名单，最后进行了郑重、庄严的投票选举。

经过监票人、计票人当众开箱清点选票，现场画票、统计，监票人宣布选举符合程序，结果有效。全宗旭、李玉峰、杨洪祥、王立功、王成东五位同志当选新一届支部委员会委员。经过全体委员投票选举，全宗旭同志当选新一届党支部书记。

党建指导员池肖杰同志作重要讲话。他对我校党支部顺利完成换届选举工作表示祝贺，向新一届支部委员表示祝贺，希望新一届支部委员能不辱使命，胸怀全局，不负重托，为学校的持续兴旺绣上最美丽的图案。

新当选的党支部书记全宗旭同志代表新一届委员会作了表态发言，他希望新一届委员既要继续发扬历届支部的光荣传统，同时又要站在新时代、新起点上严格要求自己,认真履职,守正创新,攻坚化桥,做好新形势下的党建工作,不辜负全体党员、全体教师的信任。

此次换届选举工作组织严密,程序规范,进展顺利,强化了党员的责任意识和党员身份意识,进一步加强了党的基层组织建设,为学校今后的发展提供了坚强的组织保证。

● 临沂新桥中学组织党员赴临沂商城党性教育基地接受主题教育

为传承党的优良传统,大力弘扬沂蒙精神,增强党员干部党性修养,巩固深化"不忘初心、牢记使命"主题教育成果,教育引导广大党员对标先进、对党忠诚、拼搏奋进、苦干实干,展现新时代党员的良好风貌,2019年10月20日下午,临沂新桥中学组织党员教师赴临沂商城党性教育基地接受主题教育,开启了学"四史"、践初心的序幕,有效激发了党员教师们的学习热情。

在参观学习过程中,大家通过聆听讲解、观看图片实物、视频等方式,详细了解了临沂商城的发展历程。通过观看纪录片,大家又从多个方面体会了临沂商城五代市场发展的艰辛与自豪,感受了"党旗红、市场旺"党建品牌的强大力量。

南有义乌,北有临沂。临沂商城的发展,是改革开放以来沂蒙老区自强不息、勇于改变落后面貌的一个缩影,是临沂人民开拓奋进、艰苦创业、开放包容的集中体现,也是沂蒙精神引领经济社会发展的最好见证。商城发展的经验告诉我们,只有坚持党的领导,商城才有出路,只有坚持以人民为中心,商城才有活力,只有弘扬沂蒙精神,商城才有后劲。

通过活动,全体党员教师心灵受到一次洗礼,思想上得到深刻的教育。大家深深震撼于沂蒙人民艰苦创业、开拓奋进的沂蒙精神,增强了干事创业的信心和动力,参学人员纷纷表示,要以"沂蒙精神"为榜样,立足岗位、扎实工作。

临沂新桥中学党支部后续将通过"一次深度学习、一部抗疫事迹、一次'四史'教育、一次'公推'活动",将"学悟抗疫精神、争当时代先锋"主题党日活动逐步深入推进，希望党员教师们能学有所思、学有所悟、学有所为，明初心、担使命，进一步坚定理想信念，强化责任担当，激发干事热情，充分发挥党支部的战斗堡垒作用和党员的先锋模范作用，为乡村教育事业的繁荣发展做出新的更大贡献。

● 临沂新桥中学召开支部委员增补及书记选举大会

为进一步完善支部组织设置，推动支部党建工作的顺利开展，发挥党支部的战斗堡垒和党员的先锋模范作用，增强党组织的凝聚力和战斗力，2019年12月26日下午，临沂新桥中学党支部召开党员大会，进行支部委员增补及书记的选举。区教体局党建指导员曲宝军及全体党员参加会议。

会议由组织委员、副校长杨洪祥主持。

大会首先由校长全宗旭同志作工作汇报；生活委员、副校长王立功同志宣读兰山区委《关于中共临沂新桥中学支部委员会增补委员、书记候选人预备人选的批复》；副校长李玉峰宣读《临沂新桥中学党支部补选委员选举办法（草案）》。

支部按照增补工作要求，酝酿差额候选人名单，经中共区教体局委员会同意后召开增选支部委员大会。在大会上，按照《中国共产党基层组织选举工作暂行条例》的规定要求和程序，全体到会、有投票权的党员对3名候选委员进行无记名投票。

在监票人的监督下，计票人统计并宣布出最终得票结果。最终，增补的全宗旭、王成东2名同志当选为中共临沂新桥中学支部委员会委员。此次补选进一步充实了支委力量。

区教体局党建指导员曲宝军讲话，他表示，党支部的委员增补，是学校发展史上的一件大事、喜事与好事，它标志着事业追求达到新的高度，党的建设登上新的台阶，学校发展迈向新的阶段。同时他也希望新一届党支部委员们能不辱使命，胸怀全局，不负重托，为学校的美好未来交上最满意的答卷。

大会通过了支部委员正式候选人名单、监票人、计票人，以无记名投票、差额选举的方式，经过现场投票、现场计票、现场唱票等环节，选举增补支部委员2名。选举全宗旭同志为中国共产党新桥中学党支部委员会书记。

选举结束后，支部委员会召开会议，研究确定各支委工作分工。党支部书记全宗旭要求各支委要认真履行好职责，不忘初心、牢记使命，以"功成不必在我"的精神境界和"功成必定有我"的历史担当，进一步发挥好党支部战斗堡垒和党员先锋模范作用，力争使支部工作再上新台阶。

本次支部委员补选，充实了临沂新桥中学党支部委员会，为更好地组织党员开展活动，加强对党员的教育管理，切实开展好各项组织工作打下了坚实基础。

● 参观红色教育基地 传承沂蒙革命精神
——临沂新桥中学开展"不忘初心、牢记使命"主题教育活动

为进一步提高党员干部队伍的整体素质和工作能力，充分发挥党员的先锋模范带头作用，扎实推进"不忘初心、牢记使命"主题教育，2019年11月5日，临沂新桥中学全体党员、入党积极分子共35人走进红嫂纪念馆、新四军军部旧址开展"不忘初心、牢记使命"集中教育活动。

将军捷报乃滴水之源，红嫂厚恩惟高山仰止。全体党员首站来到沂蒙红嫂纪念馆。沂蒙红嫂纪念馆是山东沂蒙党性教育基地，位于沂南县马牧池乡常山庄村，是国内迄今唯一全面、系统介绍"红嫂"的专题纪念馆，也是中国唯一一处以普通群众为主题的革命纪念馆。

展室内一幅幅珍贵的历史照片文物，一幕幕真实生动的生活场景塑像，一件件饱经风霜的农家物件，深刻地诠释了红色沂蒙精神，为大家呈现了一堂受益匪浅的红色教育课。

当看到"红嫂原型"明德英乳汁救伤员、"沂蒙母亲"王换于创办战时托儿所、"沂蒙大姐"李桂芳拥军支前、用门板架人桥等光辉感人事迹时，在场人员无不动容，眼含热泪。

党员们观看了丰富的实物及图文史料，听取了讲解员详细、生动、系统的讲解，老一辈无产阶级革命家带领山东军民进行艰苦卓绝革命斗争的风采

和功绩，深深地触动着大家的心灵。

在红嫂纪念馆，那荡气回肠的军民"水乳交融、生死与共"的沂蒙精神，那感人至深的"爱党爱军、忠诚坚毅、勤劳勇敢、无私奉献"的红嫂精神，那中国共产党风雨兼程的革命历程和大无畏的革命精神，无不深深感动着党员们。

党员们表示，要"不忘来时的路"，积极传承革命红色基因，发扬沂蒙红嫂精神，拥军爱国，以极大的热情投身到"建设最美乡村中学"的工作中去。

绿水写开历史长河，红歌唱响沂蒙大地。全体党员第二站来到临沂新四军旧址纪念堂。新四军军部旧址是国家级重点文物保护单位。1945年10月，陈毅、粟裕指挥新四军北进，将军部设在此处长达一年之久，并在这里指挥了著名的宿北战役、鲁南战役，召开了华野前委会议。

在华东野战军纪念馆前，面对鲜艳的党旗，临沂新桥中学的党员们举起右手，握拳过肩，重温入党誓词，铿锵的誓言承诺了每一名共产党员的责任与义务。

通过本次主题教育实践活动，全体党员从思想上进行了一次全新的洗礼，接受了一堂生动的党性教育和红色革命传统教育课。大家纷纷表示，一定要牢记历史，以先辈们的革命精神鞭策自己，不忘初心、牢记使命，不断提高自身素养，发挥共产党员的先锋模范作用，立足本职，教好书育好人。

● 践行初心不忘使命 凝心聚力共克时艰
——临沂新桥中学党支部开展主题党日活动

为进一步推进基层党支部"五达标五规范创特色"活动的开展，2020年5月12日下午，临沂新桥中学党支部通过现场会议和线上直播相结合的方式，开展"健康生活，科学防疫"主题党日活动。王成东同志主持会议，党支部书记、校长全宗旭同志上主题党课，在校的全体党员参加现场会议，校外的党员通过网络直播方式参加会议。

会议开始，全体党员面对国旗唱国歌。

随后，党支部书记全宗旭同志带领全体党员学习《关于在全区基层党组织中开展"五达标五规范创特色"活动的通知》，并对党员同志在开学工作中的责任担当提出要求。

组织委员杨洪祥同志带领党员学习《中共临沂市委教育工委 临沂市教育局关于印发<全市教育系统"创立德树人先锋党组织 做教书育人四有好党员"主题实践活动实施方案>的通知》。

宣传委员李玉峰同志带领党员学习区委组织部《关于印发<关于开展兰山区党建信息化示范点创建活动的实施方案>的通知》。

生活委员王立功同志带领大家学习了"灯塔大讲堂"第九课《学习健康知识 科学应对新冠肺炎》，并提出具体要求。

最后，组织委员杨洪祥同志带领在校党员举起右拳，重温入党誓词，在这样特别的时刻，"我志愿加入中国共产党，拥护党的纲领，遵守党的章程，履行党员义务，执行党的决定，严守党的纪律，保守党的秘密，对党忠诚，积极工作，为共产主义奋斗终身，随时准备为党和人民牺牲一切，永不叛党"的铮铮誓言，给全体党员带来了莫大的自豪感和责任感。

会后各党小组通过各种方式对党课内容进行了学习讨论，悟收获、讲体会、谈打算。教育引导全体党员科学应对新冠肺炎，积极参与爱国卫生运动、文明校园创建和人居环境整治等活动，为全面打赢新冠肺炎疫情阻击战营造良好环境，在大战中践行初心使命，在大考中交出合格答卷。

党员高洁表示：在这样特殊的时刻，共产党员要讲政治，争当疫情防控的急先锋；要讲担当，争当疫情防控的引导员；要讲奉献，争当疫情防控的排头兵；要讲纪律，争当疫情防控的保护者。

通过本次党日活动，全体党员充分认识到科学防护和依法防疫的重要性。党员同志要进一步提高政治站位，发挥模范带头作用，在疫情防控工作中学在前、做在前，以点带面，科学防疫，健康生活，为打赢疫情防控阻击战提供坚强的保证。

● 临沂新桥中学开展庆祝建党99周年系列活动

为庆祝建党99周年，深入学习贯彻落实党的十九大精神和习近平新时代中国特色社会主义思想，不断加强学校党的建设，继承和发扬党的优良传统，激励党员干部实干担当、激情创业，临沂新桥中学党支部开展了庆祝建党99周年系列活动。

党支部书记、校长全宗旭为党员教师上了一堂党课，他强调要用守正创新的思想指导党建铸魂工程。守四正创四新，即要守马克思主义理想信念之正，守全面从严治党之正，守坚持群众路线之正，守提高执政能力之正；创工作理念之新，创拓展内容之新，创方式方法之新，创体制机制之新。以守正促创新，以创新强守正，基层党建工作才能更好地完成新时代赋予的历史使命，为完成党的建设新的伟大工程打牢基础，做好支撑。

在鲜红的党旗下，全体党员教师佩戴党徽，举起右手，握紧拳头，重温自己对党虔诚的誓言，再次接受党性教育和精神洗礼，更加坚定了理想信念，表达为党的事业奋斗毕生的决心。

组织开展了主题党日活动，收看"灯塔——党建在线"网络直播等内容丰富、形式多样的"七一"系列活动，党员教师积极参与，在活动中提高素质、增强党性，营造出了团结奋进、健康向上的良好氛围。

同时，举行了一次党员教师公开课活动，不仅促进了党员教师自身素质的提高，也为其他教师的课堂教学起到了示范作用，引领全体教师特别是青年教师认真钻研业务，提高教学水平，从而提高全校教育教学质量。

在党员中开展"读一本好书，写一篇体会，写好一本笔记"的"三个一"活动，引导党员干部把读书学习当成一种生活常态。

通过一系列形式多样的主题活动，增强了党组织的凝聚力和战斗力，坚定了党员的理想信念。广大党员纷纷表示将以更加饱满的热情，更加积极努力的学习、工作，践行对党的庄严承诺。自觉担负历史使命与时代责任，自觉做到心中有信仰、肩上有责任、胸中有激情、脚下有力量，牢记宗旨，敢于担当，狠抓落实，全力以赴推进乡村教育事业的发展。

● 临沂新桥中学党支部召开党员发展对象推荐大会

为加强党员队伍建设，进一步为基层党组织注入新鲜血液，2020年5月

28日下午，临沂新桥中学党支部召开党员发展对象推荐大会。兰山区教育工委党建指导员、区教体局包点督学、兰山区教体局教研室初中组主任池肖杰同志到会指导，全体党员教师、入党积极分子、部分群众代表参加了会议。

本次会议的主题是从列入培养计划、经过一年以上培养教育和考察、基本具备党员条件的入党积极分子中，推荐出党员发展对象。本次入党积极分子共有两名，分别是狄焕平、张贵爱。

会议开始，党支部书记、校长全宗旭通报了党员到会情况，并简短地介绍了召开此次推荐会的目的和意义，以及党员发展、入党程序等方面的内容。随后，培养联系人王立功同志、张庆永同志对入党积极分子思想、工作、学习方面的表现进行了具体的介绍。

大会严格按照党员发展对象组织程序，会议应到党员40人，实到32人，群众代表8人。参会党员人数超过全部党员的百分之八十，符合组织程序。会议最后，党员和群众代表通过无记名投票表决的方式，最终确定狄焕平同志为党员发展对象。

池肖杰要求全体党员借助吸纳新党员的契机，不忘入党誓词，牢记使命，讲党性、重品行、做表率。

新产生的发展对象狄焕平表示，要在政治上、思想上、行动上与党保持高度一致，强化责任担当，做有温度、有高度、有厚度、有风度的"四有"教师。

此次推荐会，充分体现了党员发展接受群众监督的优良传统，有利于考察发展对象，规范发展党员工作，在保持党的先进性和纯洁性、保证新党员高质量方面也起了重要作用。

● 临沂新桥中学党支部五措并举抓好"灯塔—党建在线"学习

为贯彻落实习近平总书记关于加强学习、建设学习大国、推动全党大学习的重要指示精神，提高全体党员、群众的政治理论水平，临沂新桥中学党支部依照文件和相关会议精神，坚决把加强"灯塔—党建在线"工作部署要求落到实处。

全体党员教师充分利用"灯塔—党建在线"学习平台，通过读文字、看视频、答试题、听讲话等方式，学先进、学技能、学法律、学科普，不断提升自身理论水平，在校营造出大学习的浓厚氛围，将习近平新时代中国特色社会主义思想学习深入贯彻到工作学习中来。

一是党支部定期调度。学校党支部高度重视"灯塔—党建在线"学习工作，将其作为学校党建的一项重要内容，始终放在心上、抓在手上。学校党支部定期开会，分析研究党员学习情况，及时发现问题，出台相应措施。

二是党员明确任务。学校党支部要求全体党员提高思想认识，明确学习贯彻党的十九大精神是当前和今后一个时期的首要政治任务，要以积极严肃的态度学习，并及时答题，争做"灯塔学习先锋""灯塔学习标兵""灯塔学习型党支部"。

三是强化督促党员学习。自"灯塔—党建"在线学习开展以来，学校安排专人做好日常汇总，坚持每日统计、公布学习排名，并对积分不达标、排名落后的员工进行督促指导，进一步提高党员的学习积极性。同时不断总结经验、强化督导，党员在线学习热情始终高涨。

四是定期通报学习成绩。每两周统计分析一次党员学习成绩，按成绩高低排名，公开通报，并将学习成绩纳入年度党建考核内容，督促抓好党员学习工作。

五是帮扶学习困难党员。针对学校三分之一的党员是离退休老同志，年高体弱，不会使用智能手机和电脑等实际情况，指定入党积极分子、青年党员与老党员组成"学习对子"，手把手帮助老党员在线学习，有效提高参学率和总成绩。

通过学习，党员教师纷纷表示，在今后的工作中，要根据自身实际，对标先进查找不足，强化作风建设，进一步提升思想政治素质、政策理论水平和实践工作能力。

● 临沂新桥中学党支部：拍摄党员"全家福" 凝心聚力展风采

"我志愿加入中国共产党……"伴随着铿锵有力的入党誓言，鲜红的党旗迎风飘扬，临沂新桥中学的全体党员正精神饱满地站在党旗下拍摄党员全家福。2020年7月1日，为庆祝中国共产党成立99周年，展示党支部和党员风采，增强党员荣誉感、归属感，全体党员重温入党誓词，并共同拍摄了一张支部"全家福"。

当天，临沂新桥中学党支部坚持"一个都不能少"的原则，召集了包括预备党员在内的全体党员及部分退休老党员，一起共同宣誓录音，并签名留印，集体承诺做合格党员。

"看到我们的党员队伍越来越壮大，我感到很高兴，以后学校的建设就要靠这些年轻的党员啦！"满头白发的退休老党员王义祥同志动情地说。

党员们纷纷出谋划策，参与设计合影造型，珍贵的党员"全家福"不仅有纪念意义，更能凝心聚力，提高党员的仪式感、荣誉感，增强身份认同感，也展示出党组织的精神面貌。

党支部书记全宗旭表示："临沂新桥党支部自成立以来，虽然经常集中在一起开会、议事，但从来没有一起拍过这么具有创意和美感的合影。对大家而言，既是个有意义的纪念，更能凝心聚力。"

此次拍摄"全家福"，使广大党员充分感受到党组织的集体荣誉和宗旨使命，大家纷纷表示要不忘初心，牢记使命，在乡村教育中更好地发挥战斗堡垒和先锋模范作用，争做新时代最具有奉献精神和奋斗精神、本领最过硬、作风最优良的新时代文明实践者。

● 临沂新桥中学党支部开展"七一"活动庆祝中国共产党成立99周年

为庆祝中国共产党成立99周年，临沂新桥中学党支部开展了一系列形式多样、内涵丰富的庆"七一"活动，以实际行动向中国共产党成立99周年献礼。

讲授专题党课，筑牢初心使命

党支部书记、校长全宗旭为党员教师上了一堂党课，他强调要用守正创新的思想指导党建铸魂工程。守四正创四新，即要守马克思主义理想信念之正，守全面从严治党之正，守坚持群众路线之正，守提高执政能力之正；创工作理念之新，创拓展内容之新，创方式方法之新，创体制机制之新。以守正促创新，以创新强守正，基层党建工作才能更好地完成新时代赋予的历史使命，为完成党的建设新的伟大工程打牢基础、做好支撑。

组织走访慰问，传递问候与关怀

结合"不忘初心，牢记使命"主题教育，组织开展走访慰问老党员、生活困难党员活动，深入了解他们的身体和生活情况，祝愿他们生活幸福安康，同时为老党员送去慰问品，将党组织的关怀送到他们身边。通过走访慰问老党员，让在场党员干部学习老一辈共产党员的坚定信念和崇高品格，深刻领会作为一名共产党员肩上的责任，在各自的工作岗位上履职尽责，将不怕苦、勇担当、有作为的思想贯穿始终。

开展志愿服务，展现先锋力量

以"为民服务寻初心、打擂攻坚担使命"为主题，结合"双报到"志愿服务工作，结合学校实际，开展形式多样、内容丰富的志愿服务活动，引导党员亮明身份、服务群众，改进作风、树立形象，以实际行动发挥党员先锋模范作用。截至目前，共开展志愿服务活动十余次。重温入党誓词，永葆入党初心。在鲜红的党旗下，全体党员教师佩戴党徽，举起右手，握紧拳头，重温自己对党虔诚的誓言，再次接受党性教育和精神洗礼，更加坚定了理想信念，表达为党的事业奋斗毕生的决心。通过重温入党誓词，让广大党员牢记政治责任和历史使命，永葆政治本色。

开展"双推"活动，培养优秀积极分子

按照发展党员工作的有关要求，严格程序，规范操作，严把标准，加强对表现优秀的积极分子的培养教育，根据教育工委下发的发展计划，做好入党积极分子和党员发展对象推荐工作。

开展"党性体验",提升支部组织力

结合开展主题党日活动,组织全体党员对照党员义务、党员标准,广泛开展"党性体验"。每名党员进行自我总结和剖析,普遍开展批评与自我批评;按照"五达标五规范创特色"活动建设要点,进行"回头看",重点对照检查支部规范化运行、党费收缴、党员教育管理、主题党日活动开展和"三会一课"制度化、常态化、规范化等工作落实情况,不断提升支部组织力。

拍摄"全家福",记录温馨时刻

为展示党支部和党员风采,增强党员荣誉感、归属感,全体党员重温入党誓词,并共同拍摄了一张支部"全家福"。"一个支部一个堡垒,一名党员一面旗帜",此次拍摄"全家福",使广大党员充分感受到党组织的集体荣誉和宗旨使命,大家纷纷表示要不忘初心,牢记使命,在乡村教育中更好地发挥战斗堡垒和先锋模范作用,争做新时代最具有奉献精神和奋斗精神、本领最过硬、作风最优良的新时代文明实践者。

通过一系列形式多样的主题活动,增强了党组织的凝聚力和战斗力,坚定了党员的理想信念。广大党员纷纷表示将以更加饱满的热情,更加积极努力的学习、工作,践行对党的庄严承诺。自觉担负历史使命与时代责任,自觉做到心中有信仰、肩上有责任,胸中有激情、脚下有力量,牢记宗旨,敢于担当,狠抓落实,全力以赴推进乡村教育事业的发展。

第二节　团队建设活动集萃

● **缅怀英烈　致敬英雄**
　　——临沂新桥中学开展"致敬·2020清明祭英烈"系列活动

为了进一步加强学生爱国主义教育，弘扬英烈精神，传承红色基因，也为了纪念在新冠肺炎疫情防控中为了人民的健康平安而献身的人民英雄，在清明节即将来临之际，临沂新桥中学团委响应上级号召，不组织聚集性祭扫活动，推行网上祭扫、文明祭奠，开展了以"致敬·2020清明祭英烈"为主题的系列网上祭扫活动。

举行线上升旗仪式

3月30日上午，临沂新桥中学全体师生举行了一次特殊的升旗仪式。

校长全宗旭简要回顾了疫情发生以来全国抗疫一线涌现出的一件件英雄事迹和一桩桩英雄壮举，对最美"逆行者"表示了崇高敬意，并寄语全体学生以英雄为榜样，以实际行动向英雄致敬、向祖国献礼。

七年级5班的刘璐同学作《缅怀先烈，致敬英雄，争做新中好少年》的国旗下演讲，她向全体同学发起了以先烈精神为榜样，加强自律、"停课不停学"的倡议。

本次升旗仪式通过网络直播推送给全体师生，刘洪国、姚宗花两位老师和孩子一起观看升旗仪式。

学生们在家中统一穿校服，七、八年级全体少先队员佩带红领巾，通过手机、电脑认真观看并向国旗行队礼、唱国歌。

开展"网上祭英烈"活动

清明前夕，临沂新桥中学开展"网上祭英烈"活动，各年级各班级学生积极参与，缅怀先烈，继承遗志。

各班班主任老师利用"钉钉群"演示如何在网上开展"网上祭英烈"活动，对学生网上祭扫进行专项培训，教学生们如何进行网上献花、网上献歌、网上点烛、网上留言、浏览革命纪念馆和革命人物先进事迹等活动。

大家纷纷登录临沂文明网，在网上向烈士鞠一个躬，献一束花，点燃蜡烛，发表敬仰感言，来表达对革命先烈的缅怀之情和崇敬之意，弘扬烈士精神。

同学们纷纷留言，抒写心中感言，表达对英雄烈士的敬仰和怀念之情，并表示要转化为坚定的信仰与力量，认真学习。

各班级还搜集有关革命先烈、英模人物的事迹材料，举行追忆历史、缅怀先烈、讲述我最尊敬的英雄人物为主要内容的网络主题班会。

活动很好地把网络教育和革命传统教育结合在一起，通过网上学习、浏览革命先烈的英雄事迹、网上留言，同学们了解了更多先烈们抛头颅洒热血的英雄事迹，加深了他们对祖国的热爱之情。

通过开展网上祭英烈活动，追忆历史、缅怀先人，革命烈士的精神激励广大学生更加珍惜当前、奋发图强，珍惜现在优越的学习生活条件，树立了从小投身中国特色社会主义、实现伟大"中国梦"的远大理想。

开展"清明节手抄报"活动

为让学生深入地了解我国的传统节日——清明节，加强学生的传统文化教育，牢记中华民族历史，弘扬爱国主义精神，珍惜美好幸福生活，临沂新桥中学结合清明节举行了主题手抄报活动。

同学们以"清明节缅怀先烈"为主题，制作出一幅幅精美的手抄报。手抄报不仅色彩丰富，图文并茂，给人以赏心悦目的感觉，更注重突出主题，表达情感。

他们用自己手中的画笔或写或画地记录下自己所了解的清明风俗或英雄故事，并以自己的方式解读清明节，缅怀革命烈士。

通过绘制手抄报活动，同学们更加了解了清明节是中国的一个传统节日，了解了清明节的历史由来，知道清明节的一些习俗，同时不忘继承革命烈士的遗志，弘扬革命情，共筑中国梦。

青山着意化为桥

此次"致敬·2020清明祭英烈"系列活动的开展，全体师生通过网络平台缅怀先烈、致敬英雄和铭记历史，大家都深深感到现代美好生活来之不易，要珍惜生活、热爱生命、努力奋斗，并通过网上留言、微信视频等形式传达了自己参加线上升旗仪式的体会和对学校学习生活的向往以及要用实际行动回报社会的美好心愿。

● 传承"五四精神" 奏响青春旋律
——临沂新桥中学举行"五四"主题手抄报活动

为引导广大学生传承与弘扬"五四精神"，加强学生的传统文化教育，牢记中华民族历史，弘扬爱国主义精神，珍惜美好幸福生活，临沂新桥中学举行了"五四"主题手抄报活动。

同学们深知，"五四"运动是一场伟大的爱国运动。中国青年在风雨如磐、民族危亡的历史关头，为救亡图存、振兴中华奔走呼号，奋不顾身，表现出高尚的爱国情操和大无畏的英雄主义。"五四"精神是中国人民和中国青年在党的领导下为中华民族伟大复兴而不懈奋斗的宝贵精神财富。"五四"运动体现的爱国主义精神，是中华民族百折不挠、自强不息的民族精神的生动写照，是当下我们实现伟大中国梦的重要力量源泉。

同学们以"传承'五四精神'，奏响青春旋律"为主题，制作出一幅幅精美的手抄报。手抄报不仅色彩丰富，图文并茂，给人以赏心悦目的感觉，更注重突出主题，表达情感。

他们以"五四精神"的核心"爱国、进步、民主、科学"为内容，用自己手中的画笔或写或画地记录下自己所了解的"五四精神"。无论是思想主题、版面设计，还是创意构思等方面，都体现出了新中学子的青春风采。

此次活动的举办，促进了广大青年学生对党史党情团史团情的深入了解，坚定永远跟党走的信心。同学们以实际行动践行了"五四精神"，用奋斗和拼搏点亮青春色彩，开拓精彩人生。

● 临沂新桥中学举行"五四"线上升旗活动

为了引导广大团员青年继承和发扬"五四精神"，激励学校师生主动肩负起时代赋予青年人的责任与担当，牢记历史，不忘初心，砥砺前行，2020年4月30日上午，临沂新桥中学团委组织开展了"五四传承青出于蓝——纪念'五四'运动101周年暨建团98周年主题团日"线上升旗活动。

学生们在家中统一穿校服，七、八年级全体少先队员佩带红领巾，通过手机、电脑认真观看并向国旗行队礼，唱国歌。

在这场特殊的升旗仪式中，虽然不是站在熟悉的校园操场，但每一位同学依然保持着挺立的站姿，看着屏幕中冉冉升起的国旗，神情肃穆，齐唱国歌，向庄严的国旗表达着最崇高的敬意。

教育为本，德育为先。在疫情期间学生的德育工作仍是重中之重，临沂新桥中学将一如既往地开展相关的仪式教育、活动教育、课程教育，力争在疫情期间让学生的道德涵养上一个新的台阶。

● 临沂新桥中学举行国旗下的感恩教育活动

2020年5月11日，是疫情期间九年级开学的第三天，也是开学复课后的第一次升国旗。伴随着清晨的第一缕阳光，临沂新桥中学九年级全体师生在操场上举行了庄严的升国旗仪式。

升旗仪式上，全体学生朝气蓬勃、精神抖擞，各班级方队整齐，学校领导及各班主任、教师准时出席升旗仪式。

在激昂的国歌声中，升旗手振臂一挥，鲜艳的五星红旗徐徐展开，在全体师生的注目中，迎风飘扬在校园上空。

新学期，新挑战，新征程。让我们向国旗致敬，向祖国致敬。

学校党支部书记、校长全宗旭向全校师生分享了当前疫情防控中医护人员、平凡百姓所表现出的敬佑生命、救死扶伤、苍生大爱的感人故事以及从英雄们身上所汲取的前进力量，并对全体师生提出了新学期的新要求，表示要发扬"四种"精神，架好"四座"桥。第一，发扬奋斗精神架好自信桥；

第二，发扬科学精神架好同心桥；第三，发扬奉献精神架好复兴桥；第四，发扬开拓精神架好圆梦桥。

同时，全校长还为大家诠释了戴红帽的意义和红帽上的新校徽蕴含着的深刻内涵。

升旗仪式结束后，各班学生代表向班主任、老师敬献自己手工制作的纸花，并道声"老师辛苦了！"

感于心，践于行。我们要感恩父母，感谢父母赐予我们生命，感谢父母对我们的无私付出和养育之恩。我们要感恩老师，感谢老师对我们成长的关怀和谆谆教诲。我们要感恩同学，感谢同学之间最纯真的友谊。

长期以来，临沂新桥中学全面推进素质教育，抓住一切时机在青少年学生中开展生命教育、爱心教育和感恩教育。此次主题升旗仪式不仅号召学生们要学会感恩，也引导学生从关心和体恤父母、老师开始培养感恩之心，学会关爱他人。让我们常怀感恩之心，常为感恩之行！

● 为中考加油　为青春壮行
——临沂新桥中学举行"为中考加油"主题升旗仪式

中考战场，鼓角争鸣；长剑出鞘，勇士待发。7月6日上午，为给即将踏上中考战场的九年级学子加油壮行，临沂新桥中学隆重举行"为中考加油　为青春壮行"主题升旗仪式，全校师生参加了本次活动。

伴随着雄壮的国歌声，五星红旗冉冉升起。七年级学生张越"以青春的名义为中考加油"，为即将踏入考场的九年级学长加油、鼓劲，一句句真挚的话语，将陪伴着学长学姐度过中考前的时光。

三年旅途，在追梦的路上，少不了老师的殷殷期盼和谆谆教导。在这个特别的时刻，九年级教师代表张美玲用自己独具魅力的方式坚定着同学们拼搏的志向和前行的步伐！

九年级优秀学生代表史一童带领2017届学子们宣誓："高扬青春风帆，搏击人生风浪，为未来留下一份回忆，为生命凝铸一段永恒！让父母为我骄傲！让新中为我自豪！"铮铮誓言，震撼人心，催人奋进，让人热血沸腾。

最后，校长全宗旭鼓励九年级全体同学在接下来的几天要以顽强的斗志、必胜的信心去迎接中考，决胜中考，去实现心中的梦想。

中考是一种磨练，磨练着每个人的毅力、勇气和心态。号角已然吹起，秣马厉兵无数日夜，为的就是一个美丽的梦想，一条执著的信念，一份付出后的坦然。真诚地祝愿学子们，中考顺利，金榜题名，九年铸剑卧薪尝胆酬壮志，七月扬帆乘风破浪创辉煌！

● **师恩情深，感谢有您**
——临沂新桥中学举行庆祝教师节升旗仪式

在第三十六个教师节来临之际，为着力营造尊师重教的浓厚氛围，让每个学生了解教师尊重教师，并通过实际行动表达对老师的敬意，2020年9月7日上午，临沂新桥中学全体师生齐聚操场，隆重举行了庆祝教师节主题升旗仪式。

升国旗，奏国歌，全体师生行注目礼。升旗仪式在雄壮的国歌声中拉开序幕。

庄严的升旗仪式后，八年级优秀学生代表张越激情地在国旗下发言，为亲爱的老师们送上节日的祝福，感谢老师们的辛勤付出和默默奉献。

副校长李玉峰带领全体教师在国旗下宣誓："我是临沂新桥中学一名光荣的人民教师，面对国旗庄严宣誓：爱岗敬业，忠于人民的教育事业；严谨笃学，恪守教师职业规范；勇于创新，不断完善和超越自我；志存高远，追求至高至美的育人境界。励志笃行，自强不息，关爱生命，塑造灵魂，潜心育人，终生无悔！"铮铮誓言响彻云霄。

重温教师誓词，令在场师生十分动容。老教师林玲玲说："忠于党和人民的教育事业，用人格引领人格，用智慧点燃智慧，让教师的精神在我身上传递。教书育人，我愿为此付出我的心血。"

一支粉笔写就人生轨迹，三尺讲台留下人生辉煌。敬爱的老师们为了桃李芬芳，呕心沥血、挂肚牵肠；为了培育栋梁，废寝忘食、执着顽强。从风华正茂到双鬓染霜，从慷慨激昂到退休还乡……每时每刻无不体现着教师们的辛勤付出。

同学们，让我们铭记师恩，致敬老师。

庆祝教师节升旗仪式，进一步激励了广大教师自觉增强教书育人的荣誉感和责任感，在奉献中感悟教师职业的幸福；同时也增强了全校学生尊师爱师的情感，激发了学生们对老师的感恩之情，使师生关系得到进一步的升华。新学年，临沂新桥中学教师将始终坚持"守正创新，攻坚化桥"的办学思想，弘扬高尚师德，潜心立德树人，纵使白发丛生，教育初心不改。

第四章　德育文化

第一节　德育成果

我校通过感恩演讲，诚信教育，去敬老院慰问，法制教育，光盘行动，学生捐款，走进大青山、孟良崮、大店等地开展思政教育活动，对学生进行德育教育，效果显著。

我们学校坚持育人为本，把德育工作放在首位，深入进行爱国主义、集体主义、社会主义和中华民族精神教育，不断开展法制讲座和感恩教育，大力加强公民道德教育和遵纪守法意识的养成，改进教学方法，加强管理，积极进行制度创新，使学生树立起正确的人生观、世界观、价值观，增强了爱心和社会责任感，学生"德智体美劳"全面发展，成为合格的社会主义事业的建设者和接班人。

第二节　用"桥文化"打造思政教育"大课堂"

隆冬时节的一天中午，临沂市兰山区新桥中学七年级 3 班的 3 名女生来到学校"桥文化"墙前，饶有兴趣地观看着从远古到现代的一幅幅"桥"的喷绘。其中，王晓琦好奇地问："从赵州桥到如今的港珠澳大桥，说明了什么？"孙维婷"抢答"道："桥汇古今，通向未来。"尹永润补充道："代表着祖国历史悠久；代表着我们的创新发展一日千里；代表着我们昂首挺胸地驶上了圆梦桥、同心桥、自信桥、复兴桥。"

3 名女生的"表演"，实际上是该校用"桥文化"打造思政教育"大课堂"的一个缩影。

● 学科融合，课堂思政教育全覆盖

"下周我组织学生学习'传承桥文化'，各位老师准备如何融合？"主讲七年级"桥文化"校本课程的续宗纪老师问。"我们利用阅读课的时间，让学生阅读'桥'的文学作品，然后让学生书写我们踏上圆梦桥、同心桥、自信桥、复兴桥的感怀。"语文教研组组长王京芹老师这样回答。"利用英语沙龙的机会，我阅读国外有关桥的文学作品，让学生畅谈对和平桥、友谊桥、合作桥、共赢桥的体会。"英语教研组组长英丽红老师也抢着回答……

这是去年初冬一个周三的下午，续宗纪老师和其他学科的教研组长以"学科融合"研讨会的形式商讨"融合"内容的情景。

该校在有关专家、教授的指导下，组织部分教师编写了"桥文化"的校本课程，打造思政教育课堂。该校"派遣"了 3 位教学经验丰富的教师讲授这门课程。一段时间后，该校感觉单凭这一门课难以达到理想的思政教育效果，于是，该校采用学科融合的方式，将"桥文化"思政教育理念融入到各个学科，以实现课堂思政教育全覆盖。

比如：《思想品德》与传承红色基因、"一带一路"的推进、"互联网"、"信息桥"给社会带来的深刻变革等知识的融合；《历史》与"桥的历史变迁与桥的发展史"的融合……

这样的融合，思政教育的效果特别明显。

● 教师齐上阵，人人争当思政教育排头兵

"下周，我要结合始建于南宋淳熙十六年六月的卢沟桥与日军侵华的罪恶史联系起来讲给学生，激发学生的爱国热情。"2019年11月一个周二上午的第二节课，该校九年级历史集体备课时间，组长魏东老师开门见山地说。中年教师高德峰说："我要把青岛胶州湾大桥、杭州跨海大桥、港珠澳大桥的建设历程、建筑设计、建设成果、技术创新等以课件的形式展示给学生，以此来增强学生的自信心和使命感。"

由此可见，在该校，人人争当思政教育排头兵已蔚然成风。

接下来的示范课中，两位老师分别进行了精彩的课堂呈现，观摩学习的老师直呼"精彩"。

自2019年始，该校发出了"人人争当思政教育排头兵"的倡议，于是，该校183名教师都以不同形式利用"桥文化"对学生进行思政教育。该校还邀请有关专家、教授到校指导，提高教师利用"桥文化"对学生进行思政教育的教学水平。

为充分调动教师们的教学积极性，该校还出台了教师开展思政教育的评价方案及指标。对教师利用"桥文化"对学生进行思政教育的公开课、示范课、汇报课逐一评分，计入教师个人成长档案，以此激励全校教师"潜心育人"。

● 校内校外，打造思政教育大课堂

2019年12月的一天下午，该校九年级（6）班的李洋、王麒皓、王晓彤3名学生来到学校化桥广场，聚精会神地观看镶嵌其上的历代名家书写的不同字体的"桥"字。李洋说："一次次的文字改革，对我国的文化发展起到

了重大的推动作用。"王麒皓、王晓彤点头称是。

该校把门柱、墙面、门厅、景观、楼宇、道路、广场、门牌等处,全部"印刷"上体现"桥文化"精神的"元素",以此作为"桥文化"精神思政教育的载体。身处这样的氛围,学生时时处处都能受到"桥文化"精神的思政教育。

"沂蒙山小调诞生地"这一红色教育基地与该校近在咫尺。2019年,该校在保障师生各项安全的前提下,每周都组织各班优胜学习小组的学生轮流到此红色教育基地研学。每每"看到"革命先烈用生命和鲜血搭起的"胜利桥"时,学生都发誓要珍惜眼下幸福、和平时光,发奋读书、报效祖国。一次,八年级学生高佳琪到兰陵国家农业公园研学时看到无土栽培的瓜果蔬菜,兴奋地对班主任王丹老师说:"我一定要考农业大学,为乡村振兴搭一座'科技桥'。"

校内校外"桥文化"思政教育的相辅相成,使该校营造出了思政教育的大氛围。

第三节　我校德育活动丰富多彩

● "大碗"与"小碗"的对话

日前,临沂市向全市中小学校发出倡议:利用多种形式教育学生爱惜粮食,实施"光盘行动"。倡议发出后,会有怎样的响应?下面是发生在临沂市一所学校的一幕。

"你怎么要了一小碗?"2019年10月13日午餐时间,临沂新桥中学初三女生张越好奇地问同级女生孙振超。

孙振超调皮地对张越说:"我饭量小,吃上一小碗打卤面,饱矣!"

转身看了一眼餐厅里有序排队取餐的同学,又看了一眼张越端着的饭菜,孙振超说:"要了一大碗米饭,还有两份菜,你的饭量够大的!"

"那是。"张越"白"了她一眼。

说笑间，两个女生坐在餐桌前，边吃边聊了起来。

"过去，咱学校的餐厅，不论饭量大小'一律平等'，分量一样。有时，我吃不下，剩下的饭菜只好倒掉，太浪费了。现在好了，餐厅推出了大、小碗，像我这样的，点一小碗就能吃饱，再也不浪费了。"对此，孙振超颇为满意。

张越远远地看了一眼"杵"在墙角的6个垃圾桶，轻轻地叹了口气："前几天，有次午餐结束，我专门看了看垃圾桶，同学们吃剩的饭菜都快把垃圾桶装满了，真心疼！"

"是啊，这回好了，学校餐厅推出了大、小碗，肯定不会再造成浪费了。"孙振超感慨道。

"要不，吃完饭，咱俩去垃圾桶那边看看？"张越与孙振超商量。

说话间，两个女生就吃完了饭。张越拉起孙振超的手，跑到垃圾桶边，没发现一名学生往垃圾桶里倒吃剩的饭菜。

"小碗和大碗的变化，虽然事很小，体现的却是大担当。节约粮食，人人都是践行者。"临沂市教育局局长陈海玲说。

● 纪念"九一八"，勿忘国耻，强我中华
——临沂新桥中学开展爱国主义教育主题班会课展示活动

为教育广大师生不忘国耻，珍爱和平，增强爱国主义意识，在"九一八"事变89周年纪念日之际，2020年9月18日上午，临沂新桥中学组织全体师生开展"纪念'九一八'，勿忘国耻，强我中华"主题教育活动。

"九一八"，勿忘国耻，让警钟长鸣心中，是对历史最好的纪念，也是最深的敬畏。主题教育活动在庄严肃穆的气氛中举行，同学们低头默哀3分钟，祭奠那些在抗日战争中牺牲的英雄和遇难的同胞们，为那些浴血奋战的先辈们致以最崇高的敬意。

班主任韩征设计了"勿忘国耻，强我中华"纪念"九一八"主题班会展示课，通过观看视频、回忆历史事件、讲历史小故事、诗朗诵等形式纪念"九一八"，让同学们重温历史，使他们深切感受到自己肩负的历史使命。

张婧同学为大家朗诵《勿忘国耻，吾辈自强》，回忆了"九一八"那段

无法忘却的屈辱历史，慷慨激昂的朗诵引起全体师生的共鸣。

八年级主任陈功玲勉励大家勿忘国耻，珍惜当下，勤勉刻苦，振兴中华。落后就要挨打，要想不被欺辱，唯有自身强大。同学们是祖国的未来，少年强则国更强！更希望同学们在今后的学习生活中，勤勉自强，为中华之崛起而读书！

其他各班的班主任老师也通过主题班会，引导学生树立起"国家兴亡，匹夫有责"的意识，从自身做起，从身边小事做起，为祖国的富强而努力。牢记历史，不忘国耻，强我中华。同学们！我们伟大的祖国历尽磨难，而我们正肩负着跨世纪的历史使命，希望同学们时刻准备着为祖国贡献自己的力量！祝愿我们的祖国未来更加繁荣昌盛！

通过此次班会，使同学们了解了"九一八"事变和日本侵略者在中国犯下的滔天罪行，使同学们经历了一次爱国主义的洗礼，激发了同学们的责任感和爱国情。与此同时，也展示了临沂新桥中学爱国主义教育和班会课扎实开展的成果。

● 临沂新桥中学开展"感恩教师"主题班会

在第 36 个教师节来临之际，为更好地营造尊师重教的校园氛围，临沂新桥中学于 2020 年 9 月 8 日开展了"感恩教师"主题班会活动。

主题班会上，学生们以诗歌朗诵、唱歌、对老师说说心里话等形式表达了对老师的衷心感谢和深情厚谊。有的学生在谈到老师对他们倾注的爱时热泪盈眶，而老师们也不断地被学生们的真情所感动，并用发自肺腑的话语激励同学们刻苦学习，场面令人感动。

当英语老师刘平走进八年级 6 班的教室时，同学们手捧着用手折成的纸花和亲手制作的贺卡，一齐拥向老师，异口同声地说"祝老师节日快乐！"

通过主题班会的开展，很多同学对老师这个职业有了更深的理解。他们亲手制作了贺卡和手抄报，表达对老师的祝福，并纷纷表示一定感恩老师的爱心，感恩老师的劳动，感恩老师的教诲，努力学习，以实际行动回报老师。

此次主题班会，旨在让每个学生了解教师工作的辛苦，感受教师默默耕耘、无私奉献的精神，表达对老师的敬爱之情，也让老师们感受到教师职业的光荣与崇高，更为我校形成良好的校风奠定了坚实基础。

● 临沂新桥中学开展"孝行父亲节"感恩教育活动

每年6月的第三个星期天，是一年一度的父亲节。父爱如山，大爱无言。在父亲节前夕，临沂新桥中学深入开展"孝行父亲节"主题系列感恩教育活动，培养学生的感恩情怀。

学校充分利用电子屏、黑板报等形式宣传介绍"父亲节"的由来及意义。组织学生阅读观看《背影》《我的父亲》等反映父亲生活和情感的书籍和影视剧作品，使学生们懂得父亲在养育子女的过程中所付出的爱心与努力。通过组织学生学唱一首感恩父亲的歌曲、为父亲做件力所能及的事、给父亲送个小礼品、对父亲说句祝福的话等活动，表达自己对父亲的感激之情。

各班级组织召开主题班会，通过讲故事、谈感想等方式畅谈对父亲的感激之情，引导孩子们感受父爱的伟大，表达对父亲深深的爱意。

班会上，各班围绕庆祝"父亲节"的话题开展交流，同学们畅谈自己与父亲之间发生的趣事，回忆了父亲对自己的关怀和教育，体会了父亲的严格要求对自己成长的重要影响。班主任要求同学们要积极主动地为父亲做一些力所能及的事情，如：为爸爸捶捶背、倒一杯水，说一句"爸爸，您辛苦了！"利用周末和父母一起劳动，一起体会父母的艰辛。鼓励父亲不在身边的同学通过微信或打一个电话，祝福爸爸"父亲节快乐"，关心一下在外打工的父亲，给父亲送去一丝丝温暖。

很多同学亲手制作了贺卡表达对父亲的祝福，并纷纷表示一定牢记父母对自己的恩情，努力学习，以实际行动回报父母的养育之恩。

通过一系列感恩教育活动的开展，一方面给学生提供了一个向父母表达爱意的机会，另一方面也为他们上了一堂生动的感恩教育课，这对学生们学会表达爱、学会感恩，产生了积极的影响。

● 临沂新桥中学开展端午节主题活动

为了弘扬传统文化，让学生们了解端午节的习俗，2020年6月24日下午，临沂新桥中学开展了以"端午粽香飘，民族精神扬"为主题的活动。活动主要分为"了解端午节的来历""纪念屈原经典诗歌诵读""端午书香，寻找班级阅读人"等环节，让学生们通过观看视频、亲身体验，进一步了解端午节。

端午节的活动侧重于"溯"源。在这一主题活动上，老师先给学生介绍了诗人屈原的故事，赛龙舟、佩戴香包的习俗，介绍了艾草、菖蒲具有驱赶蚊虫的作用，以及端午节人们佩戴香囊不仅有避邪驱瘟之意，而且有襟头点缀之用等知识。

随后各班级举行了纪念屈原经典诗歌诵读活动，同学们一个个满怀激情、声情并茂，用他们真挚的情感演绎着优美的经典诗词。孩子们在享受吟诵的乐趣中，接受了中华悠久文明的洗礼和传统思想道德的熏陶，极大地增强了民族自豪感。

本次活动大力弘扬了中华民族优秀传统文化，使同学们感受到了传统文化的魅力；深入了解了传统文化节日的丰富内容，强化了同学们对端午民俗和传统文化节日的认知；增进了同学们对端午节内涵——爱国、为民、求真、向善精神的理解，激发了同学们对华夏祖先的崇敬之情和对祖国的热爱之情，并将爱国精神融入生活，积极践行。

● 临沂新桥中学开展"小手拉大手，携手护环境"主题宣传教育活动

当前，正值农村小麦收割的时节，露天焚烧秸秆，不仅造成资源浪费和空气污染，还极易引发火灾、交通安全等事故。为了保护我们赖以生存的生态环境，净化长期居住的美好家园，帮助广大家长朋友们充分认识秸秆露天焚烧的危害性和秸秆综合利用的意义，近日，临沂新桥中学通过多种渠道，开展了"小手拉大手，秸秆不焚烧"主题宣传教育活动。

一方面，向家长发放了《小手拉大手，携手护环境——关于秸秆禁烧致

广大学生家长的一封信》，宣传秸秆焚烧的危害，以及秸秆综合利用的途径，如秸秆还田等。倡导每位家长积极配合学校及政府，保护环境从自我做起，给孩子们树立爱护环境的榜样。

另一方面，学校通过周一国旗下的讲话，倡导同学们小手拉大手，携手护环境，争做环保小卫士。

各班还于6月8日下午开展了以"小手拉大手，携手护环境"为主题的班会活动。班主任紧紧围绕秸秆是什么、秸秆焚烧有哪些危害以及学生们如何应对秸秆焚烧等三个方面的问题，通过播放视频、列举身边的案例，让学生更加深入认识和了解秸秆综合利用的好处与秸秆焚烧的危害。

会后，学生们以"小手拉大手，秸秆禁焚烧，争做环保小卫士"为主题，绘制手抄报，并表示愿意当好秸秆禁烧的小宣传员、小监督员。

临沂新桥中学持续深入开展以秸秆禁烧为主题的环保志愿宣传活动，进一步增强学生"保护环境，人人有责"的意识，充分发挥"小手拉大手"的辐射作用，倡导保护环境的自觉性，争当"环保小卫士"，共同营造环境靓丽的家园。

● 临沂新桥中学召开"守底线、夯基础、正师风"暨廉政警示大会

为进一步强化全体党员、教干教师廉洁意识，传达落实兰山区教育系统"守底线、夯基础、正师风"暨廉政警示会议精神，2021年1月18日下午，临沂新桥中学"守底线、夯基础、正师风"暨廉政警示大会在化桥楼六楼报告厅召开。会议由副校长王立功主持，全体教干教师参会。

会议传达了兰山区教育系统"守底线、夯基础、正师风"暨廉政警示会议的主要精神，要求全体教师严格遵守工作纪律，强化师德师风建设，严格落实中小学教师职业道德规范，切实加强廉洁自律，增强廉洁从教意识，守住底线，不越红线，要坚守高尚情操，自觉抵制不良风气。

副校长李玉峰宣读了《教育系统违法违纪典型案例汇编》，结合材料中的违法违纪典型案例教育广大教职工务必做到廉洁自律，严格规范职业道德

行为。同时传达了区教体局《关于加强 2021 年元旦春节期间正风肃纪工作的通知》要求。

党支部书记、校长全宗旭带领大家认真学习了《临沂市中小学规范办学行为"十严十禁"》，他结合学校实际，要求全体教师严守纪律规矩，强化责任担当，切实履行相关责任，严格规范学校办学行为。

最后，全宗旭总结强调，广大教干、教师要提高站位，严格按照上级要求，牢固树立底线思维意识；要时刻自醒，自查自纠，警钟长鸣；要做到严格自律，廉洁从教，履职尽责，规范教学行为，切实推进学校内涵发展。

此次会议，进一步推进了学校的师德廉政建设工作，为全体教干、教师再次敲响警钟。老师们纷纷表示，在以后的工作中，一定要明确目标，做到明底线、知敬畏、守纪律。

"守底线、夯基础、正师风"是推进全区教育内涵发展，守护教育安全大局的需要。临沂新桥中学将以本次会议为契机，继续加强师德师风建设，夯实基础，牢牢守住底线，积极营造廉洁自律的良好风尚和浓厚氛围，打造风清气正的育人环境。

● 临沂新桥中学开展"宪法宣传周"系列主题教育活动

2020 年 12 月 4 日是第七个国家宪法日，11 月 30 日—12 月 6 日是全国第三个"宪法宣传周"。为深入学习宣传习近平法治思想，贯彻落实党的十九大和十九届五中全会精神，进一步增强广大师生的宪法意识，弘扬宪法精神，加强宪法实施，临沂新桥中学自 11 月 30 日开展了"宪法宣传周"系列主题教育活动。

首先是利用周一升旗仪式中的国旗下讲话开展"宪法宣传"教育启动仪式，号召全体师生积极践行宪法精神，维护宪法权威，从自己做起，争做遵纪守法的好公民。其次是大力宣传宪法知识，利用校园电子显示屏、宣传栏等开展行之有效的宣传活动，积极营造宪法教育的浓厚氛围。

各班班主任利用班会时间召开"深入学习习近平法治思想，大力弘扬宪法精神"主题班会，组织收看法治教育视频，观看法治教育 PPT 等，通过生动的法治案例引导学生认识知法、守法的重要性，提高青少年的法治意识。

学校还组织全体学生积极参加第五届全国学生"学宪法 讲宪法"网上学习、"宪法小卫士"和法治在线答题活动，确保主题教育活动广参与、全覆盖、见实效。

在随后的几天，宪法晨读、专题板报、手抄报等活动依次进行，多渠道弘扬宪法精神，及时总结经验，巩固活动成果，加快形成体现宪法精神的育人环境。

"宪法宣传周"系列活动的开展，使广大师生对宪法等法律法规有了进一步的认识。同学们纷纷表示要增强宪法自觉，弘扬宪法精神，从小培养法律意识，学习法律知识，从自己做起，从身边小事做起，自觉做到知法、懂法、守法、护法，为推进我国依法治国方略和我校依法治校做出自己应有的贡献。

宪法是国家的根本法，是治国安邦的总章程，是保持国家统一、民族团结、经济发展、社会进步和长治久安的法律基础。"宪法宣传周"系列主题教育活动的开展，让遵守宪法、维护宪法权威的种子播种在广大师生心中，师生们将继续深入学习习近平法治思想，大力弘扬宪法精神，努力成为学法、知法、守法的社会主义好公民。

第四节　"英模"教师

2007—2008年度师德标兵：张美忠、李玉峰、李群、朱传爱、王成东、李春茂、张仁锴、郭庆辉、张庆忠、刘德存、颜丙堂、王京芹、王法兰

2010年功勋教师：张庆永、贺文杰、王京芹、王法宝、王成东

2012年十佳教师：鲁士强、王成东、续宗纪、狄焕平、杨远名、张庆永、阚君美、狄长存、贺文杰、王京芹

2018年校园十大最美教师：陈功玲、阚君美、张贵爱、狄焕平、张洪良、李群、刘夫如、王丽媛、杨晓欢、徐海英

2019年十大感动校园人物：张洪良、高德峰、朱玉霞、颜丙堂、张淑琳、刘京超、赵贵钰、姜自波、张美玲、孙士玲

第五节　优秀学子

● 近几年获得市级荣誉的学生

年份	姓名	性别	班级	职务	荣誉称号	表彰级别	家庭住址
2013	李 彦	女	八（2）	班长	优秀班干部	市级	方城镇西西蒋
	赵 丽	女	八（3）	班长	三好学生	市级	方城镇平湖庄
2014	杨 旭	男			三好学生	市级	新桥中学
2015	郭 欣	女	八（4）		三好学生	市级	方城镇郭兴庄
	郑晓波	男	九（4）		三好学生	市级	方城镇姜魏庄
	宋美佳	女	九（6）	班长	优秀班干部	市级	方城镇宋唐庄
	刘 敏	女	八（4）	班长	优秀班干部	市级	方城镇东朱汪
2016	续敏杰	女	九（4）	班长	三好学生	市级	方城镇西石桥
	张 雪	女	八（10）	班长	优秀班干部	市级	方城镇富平庄
2018	陈开心	男	八（10）	班长	优秀班干部	市级	新桥中学
	王家琪	男	九（5）	体育委员	优秀班干部	市级	新桥中学
	王志华	女	九（5）	班长	优秀班干部	市级	方城镇安庆庄
	孙 瑞	女	九（6）		三好学生	市级	方城镇西西蒋
	王 萍	女	九（5）		三好学生	市级	方城镇安庆庄

● 2019年市级优秀班干部

刘振豪　九年级2班班长
王　滢　九年级3班班长

● 2019 年市级优秀三好学生

续振宇　九年级 3 班学生
王浩萌　九年级 2 班学生
闫佳乐　九年级 6 班班长
尹庚鑫　九年级 5 班学习委员

● 2020 年市级优秀班干部

咸奕彤　九年级 7 班
张　硕　九年级 10 班

● 2020 年市级三好学生

柴明超　九年级 7 班
刘　盈　九年级 6 班
孟令超　九年级 9 班
张梦琪　九年级 5 班

第六节　一位乡村教师的一肩三挑

"王老师，您既担负着初三历史课繁重的教学任务，又要孝敬年迈的婆婆，还得照顾儿子、女儿，一肩三挑，你是我们的楷模。学校条件有限，对你们照顾不周，愧对你和你的家人。"这天，闻听王培华老师将年迈的婆婆和幼小的儿子、女儿带到了学校，一家 4 口挤在一间狭窄的单身宿舍里，临沂市兰山区临沂新桥中学校长全宗旭见状连忙跑去慰问。

"全校长，我是一名教师，还是党员，这是我应该做的。"王老师紧紧握着全校长的手说。

● "妈妈，我是不孝儿媳"

接到准备返校开学复课的通知，家住外地的王老师就与丈夫赵培红商量："你是一名公安干警，出差办案是家常便饭，我将咱妈和孩子带到学校吧。"赵培红怕王培华受累："难为你了。"见赵培红眼圈发红，王老师打趣地说："看你那点儿出息！"

早早吃过早饭，王老师带上折叠床，收拾好一切行囊，带上婆婆和孩子，驱车就往学校赶。路上，她一再安慰婆婆："妈妈，我是不孝儿媳，乡村学校条件有限，我们一家四口只能挤在一间单身宿舍里，让您跟着我受累了。"婆婆操劳了大半生，身体又不好，平时，王老师对她极尽孝道。望着知书达理、心眼儿实在的儿媳妇，婆婆反过来安慰她："培华，俺讲不出大道理，你和培红一样，都是公家的人，得干大事。"

来到学校，放下行囊，来不及细细收拾宿舍，简单地安顿好婆婆和孩子，她就和其他老师一起给办公室、教室、学生宿舍等场所再次消毒，反复检查学生返校开学复课的各个环节是否有问题。忙到下午两点，她这才想起婆婆和孩子还没吃午饭呢。早饭吃得早，婆婆和孩子一定饿坏了！想到这，她赶快买了盒饭往宿舍跑。看见妈妈，年仅3岁的女儿趴在奶奶的怀里哭成了泪人："妈妈，我饿！"顾不上女儿，她连忙将热乎乎的盒饭捧到婆婆的手里。

下午忙完集备、研讨、制作精美的课件，王老师才顾上和婆婆、孩子共进晚餐。

晚睡了，狭窄的单身宿舍东、西方向各放一张窄窄的单人床，她让婆婆单独睡一张，让儿子赵子睿和女儿挤在另一张单人床上，她撑开折叠床，放在两张窄窄的单人床中间，自己睡在上面，方便照顾年迈的婆婆和孩子。一晚上，她睡得很不踏实，一会儿给婆婆披披被子，一会儿瞅瞅幼小的孩子，霎时，一股对婆婆、孩子愧疚的情绪在她的胸中蔓延开来。但一想到又将投身到火热的教书育人的生活中，一股神奇的力量就撞击着她的心扉。

● "儿子,替我完成任务"

王老师的儿子叫赵子睿,是个非常懂事的小小男子汉。

"扎根"学校后,王老师单独把儿子叫到宿舍外给他布置任务:"儿子,替我完成一个任务,可以吗?"儿子眨巴眨巴眼睛:"什么任务?""妈妈早晨和晚上可以孝顺你奶奶、照顾你妹妹,可白天妈妈去上班了,谁来孝顺你奶奶、照顾你妹妹呢?"王老师启发道。"我来!"儿子一下子就明白了妈妈的良苦用心,拍着胸脯坚定地说。

王老师是个工作狂,可那天中午,王老师的心却提到了嗓子眼。

那天中午放学后,王老师处理完学生作业及准备好下午第一节课的课件后已是中午12点半,她起身想回宿舍给婆婆和孩子煲粥做饭。推开宿舍门一看,她傻眼了:婆婆年事已高,晚上睡眠少,白天极易犯困,这不,大中午的就躺在床上睡着了;儿子坐在马扎上,趴在床上奋笔疾书做作业,把照顾妹妹的任务忘到了九霄云外;幼小的女儿把几种颜料和在脸盆中往脸上抹,把稚气的脸抹成了大花脸,干净的衣裤也抹得一塌糊涂。

王老师见状哭笑不得,正欲批评儿子几句,看看熟睡的婆婆,她悄悄地拍了拍儿子的肩膀,指了指熟睡的奶奶,又指了指女儿。儿子如梦方醒,压低声音说:"妈妈,您放心,同样的错误我不会犯第二次!"

以后儿子的表现,让王老师直夸儿子真的长大了。

那天早晨和学生一起上完操,王老师急匆匆往宿舍跑,准备赶紧做饭,吃完饭好去上课,走进宿舍一看,儿子正在怀抱孙女的奶奶的指导下,有板有眼地边做稀饭边切菜呢。王老师心里一阵感动,直夸儿子长大了。儿子却说:"妈妈,今早让您尝尝儿子的厨艺,您吃饱喝足好有劲上课!"

一时间,泪水在王老师的眼里直打转。

● "同学,珍惜大好时光"

王老师是该校初三历史老师,对于特殊时期的历史课,她经常引经据典,用史料和故事引导学生珍惜大好时光,发奋读书,报效祖国。

她通过制作精美的课件，向学生动情地描述：我国是世界上发现远古人类遗址最多的国家，是最早种植水稻的国家，西汉时期我们就开辟了丝绸之路走向了世界，张衡的地震仪、华佗的麻醉药、秦朝的兵马俑、万里长城、造纸术、印刷术，都是我国古代劳动人民智慧的结晶，都闪耀着中华民族文明与进步的光芒。

　　那天的历史课，她发现一个学生精力不集中，偷偷地和别的同学交头接耳。她灵机一动，即刻改变了授课内容，组织学生即兴描述我们曾经饱受屈辱的历史故事。有的同学眼含热泪描述了1840年第一次鸦片战争我们遭受的屈辱；有的同学攥紧了双拳，陈述了1900年八国联军侵华犯下的滔天罪行；有的同学竟联合其他同学表演起了室内情景剧《地道战》片段……

　　下课后，那个不集中精力学习的学生走进她的办公室，动情地对王老师说："老师，您的这堂课深深地教育了我，我深受感动。我一定好好学习，不辜负老师们的期望。"

　　见这位同学十分悔恨，王老师当机立断，给他布置了一道特别的作业题：下节课，我们都想听听你讲述"逆行者"的故事。

　　再次走进课堂，王老师惊奇地发现，这位学生已站在讲台上早早地进入了角色。见王老师点头应允，他声情并茂地讲起了姑姑"逆行"的故事，满脸都是自豪的神情。

　　"故事"结束了，可全班同学还沉浸在这个"故事"中回不过神来。于是，王老师饱含深情地对全班同学说："各位同学，我们在这个特殊时期见证了'逆行'者的伟大，我们今天能幸福地坐在课堂里学习，我不用多说，你们也知道是谁给了我们今天的幸福。珍惜今天的大好时光吧，因为我们生活在幸福的中国，我们没有任何理由不去冲刺中考！"

　　话音一落，台下爆发出了热烈的掌声……

第七节　有"心"之人
——记临沂市兰山区临沂新桥中学班主任杨晓欢

今年寒假前的一次家长会，临沂新桥中学班主任杨晓欢一宣布会议圆满结束，学生家长就"呼啦"一下子把她围了起来。"杨老师，您的耐心让刘昊彻底改变了。"学生刘昊的妈妈紧紧攥着杨晓欢的手不放。"杨老师，我把刘凯琳送给您当女儿吧！她说，您对她太有爱心了。"学生刘凯琳的妈妈也把手伸过来，使劲地抓着杨晓欢的胳膊晃动着。"是啊，有您这么细心的老师当俺闺女的班主任，是俺闺女的福分。"学生王天宇的妈妈也挤过来说道。

由于得到了学生家长的认可，一股幸福的暖流在近 30 年教龄的杨晓欢的胸中激荡……

● **细心焕发凝聚力**

多年从事班主任工作，让杨晓欢悟出了一个道理：关注每一名学生的成长，就能让班级焕发凝聚力。

刚接手现在的班级时，经过几天的观察，杨晓欢发现学习成绩优良的续元梦有组织能力和领导能力，就说服她当班长。其间，她和续元梦一起认真观察，发现宋豪热衷于体育活动，王子文热衷于文艺活动……于是，杨晓欢就私下做这些学生的工作，让他们在班级里作即兴演讲——《我为何要当班干部》《如何当好班干部》。实在的言行，赢得了同学们热烈的掌声。就这样，有一技之长而又有组织能力且被同学认可的班委会成立了。

男生刘军（化名）自入校始，学习成绩就拖班级的后腿。细心的杨晓欢发现刘军的自尊心很强。课上，任课教师不点名地批评有些学生学习不认真，他认为老师是在拐弯抹角地批评他，便会偷偷地做些"拍桌子、砸板凳"的事发泄对老师的不满。为此，杨晓欢把他叫到办公室，问道："刘军啊，咱班的王星（化名）学习好不好？""好啊！"刘军脱口而出。杨晓欢轻轻地抚摸着他的头说："他想让你到他的学习小组去给他当助手呢！""不可能吧！"刘军不相信。"真的！"杨晓欢语气坚定。就这样，杨晓欢偷偷地做好了王星的工作，将刘军调到了王星的学习小组。在王星的带动下，刘军的学习成绩有了起色。杨晓欢就用自己的工资多次买来笔记本、中性笔等学习用品，大张旗鼓地奖励学习进步的学生。每次奖励，刘军都在"花名册"里。就这样，在杨晓欢不动声色的关注下，刘军的学习成绩在一个学期里就提高了一大截。

仔细观察并有意识地创造条件，让每名学生都健康成长，这样的班级具有强大的凝聚力也就不足为怪了。

● 爱心爆发战斗力

杨晓欢的包中，每天都装着针线包、小药箱，很多学生的衣服上都留有她缝补的痕迹；哪个学生有点儿轻微的感冒，稍懂医术的杨晓欢就会对症下药，立马从包里掏出感冒药；军训期间，杨晓欢买来药膏给学生抹晒伤的胳膊；冬天的早自习和晚自习，她都会给学生拿来一壶用生姜、枸杞浸泡的红糖水，让学生喝下，预防感冒。

刚入冬的一个晚自习，正巡视班级纪律的杨晓欢发现，女生刘凯琳的脸上红扑扑的，就把她叫到办公室给她测量体温：37.2℃，并伴有轻微的鼻塞、打喷嚏等症状。杨晓欢知道她感冒了，但症状较轻，再加上天黑路远，就没有联系她的家长，而是从包里掏出感冒冲剂让她喝下去。晚上休息时，杨晓欢仍不放心，已经23点了，她给宿管员打了电话。经宿管员同意后，在不打扰其他学生休息的情况下，杨晓欢悄悄地走进刘凯琳的房间，伸手摸了摸她的额头，感觉不烫手了，这才放心地回家休息。第二天早上，学生们还没起床，经宿管员同意，杨晓欢又悄悄地走进刘凯琳的房间，伸手摸了摸她的额头。杨晓欢以为刘凯琳还在熟睡，不知道这一切，其实，刘凯琳已借着楼外朦胧的灯光看到了杨晓欢慈祥的面庞，在心底轻轻呼唤出"妈妈"。

不是妈妈，胜似妈妈。在学生的身上，杨晓欢倾注了比给自己的女儿还要多的爱心。"杨老师比咱们的妈妈还亲,咱不能给老师丢脸,咱得努力为班级争荣誉。"每当学校组织大型比赛活动,班里的学生都这么说。于是,学生们爆发出了惊人的"战斗力"。去年,在学校组织的"五四诗歌朗诵会"上,学生们自编自导自演的《礼仪之邦》获得了一等奖;在学校组织的体操比赛中,这个班级获得了年级第一名。

● **耐心激发创造力**

去年,杨晓欢组织学生开展折纸社团活动。她说服班里学生王天宇参加了这一社团活动。王天宇觉得折纸太难学了,得先构思出折纸成品的模样,再根据构思用剪刀和卷筒仔细操作,最后,再用糨糊把各个独立的"单元"黏合在一起,成为一个完整的作品。第一堂课,王天宇的作品是一件"残次品",王天宇想打退堂鼓。杨晓欢耐心地对她说:"你得会琢磨。"这样说着,杨晓欢就帮她一起构思,一起折纸,一起黏合;杨晓欢还找来几名同学协助她。到了第五周,王天宇的折纸作品终于有了点儿模样。杨老师看到天宇的作品在一天天进步,就对她大加赞赏:"天宇,你开始琢磨了,进步得太快了!"得到杨老师的赞许后,王天宇异常兴奋,对折纸有了兴趣。到了第十一周,在160名学生的折纸社团中,她的作品竟斩获了本周"最佳作品奖"。接下来的日子里,她越来越爱琢磨,竟主动组织同学搞起了折纸比赛。她的折纸作品被摆在学校会议室的桌面上作装饰,受到了前来指导工作的上级领导和观摩交流的外校教师的赞赏。她去年参加了"兰山区中小学创意素养能力展"活动,其颇有创意的折纸作品获得了二等奖。

咸奕彤和闫伟文酷爱写作,杨晓欢就给他们拿来好多书籍,鼓励他们多读多练,向少儿文学刊物投稿。一开始,两名学生颇有积极性,每月都投稿,但投出去的稿子都石沉大海。时间久了,两名学生就没有了激情。杨晓欢耐心地给他们加油鼓劲,把他们送进学校文学社进行锤炼。渐渐地,两名学生的写作水平有了大幅提高,投出去的稿子有的也被刊登了。去年,两名学生参加了以"我和我的祖国"为主题的临沂市第二届校园文学大奖赛,咸奕彤获得了二等奖,闫伟文获得了三等奖。

青山着意化为桥

这不仅是班级的荣誉，也是学校的荣誉。手捧金灿灿的奖杯，他们满怀深情地说："是杨老师的耐心激发了我们的创造力，让我们倾尽全力给班级、给学校增光添彩。"

就这样，有"心"之人杨晓欢凭着细心、爱心和耐心，走进了学生的心田，使班级管理渐入佳境，形成了团结协作、你追我赶、积极向上的良好班风。

第八节　一位年轻党员教师防疫抗疫的风采

新型冠状病毒来势汹汹，在全国人民万众一心抗击疫情的关键时刻，兰山区年轻的共产党员姜自波老师积极工作，自觉地把抗击新型冠状病毒肺炎疫情的党员职责、社会责任化为具体行动。

● 积极搭建钉钉在线学习平台

根据兰山区教育和体育局的通知，姜自波积极使用钉钉平台协助学校负责教学工作的领导，组建学科教研群和班级学习群，开展在线学习、直播互动、教师教研、家校沟通等活动。身为管理员，她积极参加在线培训，迅速掌握了相关技术，并迅速组织本校老师进行培训，使老师们很快掌握了添加、删除任课老师，添加、删除学生家长，班级群直播，预习作业上传及班级纪律管理等操作要领。一旦老师们在实践中遇到任何问题，她都会及时帮助老师解决，从而保证了"停课不停学"的顺利实施。在此基础上，她还对老师们遇见的常见问题进行汇总，及时总结经验，反馈给老师。她的手机24小时开机，随时关注各个班级的学习动态，及时有效地解决各种问题，保证了学生正常预习。

● 加班加点完成"拓普学堂"和"学测星"的注册工作

为了更好地提供在线学习服务，在临沂市教育局的组织下，姜自波对本校42个班级、2200名学生和156名教师进行了临沂市智慧教育云平台账号的注册开通。为了更好地做好这项工作，她加班加点编写了《临沂新桥中学关于临沂市智慧教育云平台——拓扑学堂和学测星的操作手册》，帮助各位老师和学生顺利完成该项工作。在她的督促下，老师和学生对"拓扑学堂"和"学测星"这两款APP都进行了在线测试，从而保证了师生能够及时有效地使用这两款APP上的学习资料。

● 做好防疫抗疫宣传工作

在这非常时期，姜自波老师将全宗旭校长所写的《致全体老师的一封信》及学校其他领导书写的《静心、安心、耐心，陪孩子共同成长——致学生家长的一封信》《临沂新桥中学疫情防控期间在线教学告知书》进行排版美化，传达给每一位师生，为成功开展线上学习做好了准备。她以时间为主线，及时梳理和搜集学校疫情期间所做的各项工作，迅速上报给学校宣传组的老师们，为学校公众号文章的编写和外宣提供了有力支持。

第五章 教研文化

第一节 教科研成果

● **教学成果**

我校自建校以来，认真贯彻党的教育方针，努力办人民满意教育，为社会培养了大批合格建设人才。据不完全统计，1983年我校初中升学人数全县（原费县）第一名，1988年我校初中升学人数全县第二名，2000年我校初中升学人数全县第一名。划归兰山区以来，我校每年初中升学人数均居全区中上游，特别是2018年我校初中升学人数居全区上游，达106人，创学校初中升学人数历史新高，学校多次获评县区级教学先进单位。2019年，我校高中进线人数为147人。因教学成果突出，学校连续获得区教体局表彰。

● **科研成果**

我校十分重视科研工作，以科研带教研，大力推进教学改革，取得了显著效果。近年来，有2项国家级课题立项（已结题），6项市级课题立项并结题，66项区级课题立项并结题。

● "桥文化"校本课程的推进研究

课题名称	主持人	参与人	单位	时间	编号
小组合作学习的实效性研究	绪连法	张贵爱 郭庆辉 刘德存	临沂新桥中学	2018.12	
农村中学体育社团管理方法的研究	张洪良	杨远名 郭庆华	临沂新桥中学	2019.06	
农村中学生化学学习厌学的成因及对策的研究	张才亮	王京礼	临沂新桥中学	2018.06	L2017049
初中化学小组合作学习中"学困生"的转化策略	闫凡玲	石少友	临沂新桥中学	2018.06	L2017050
农村中学生英语游戏教学法的研究	代宝法	王法霞	临沂新桥中学	2017.06	L2016122
信息技术与初中数学课程整合的实践与研究	王之东	孙 磊 陈功玲	临沂新桥中学	2017.06	L2016123
农村中学名师培养策略研究	刘 佳	李玉峰 王成东 李 超 刘德存	临沂新桥中学	2017.12	2015183
构建主题学习模式，提升学生语文素养	张庆忠	李 超 刘佃章 王京芹 王相珍	临沂新桥中学	2016.06	2015184
活页式当堂作业研究	王成东	王之东 翟继春 狄焕平 徐海英	临沂新桥中学	2016.06	2015185
新桥中学"桥"文化校本开发研究	王立功	王京礼 续宗纪 郭 勇 曹广富	临沂新桥中学	2016.06	2015186
农村中学宿舍文化建设的研究	张庆永	王玉宗 王法霞	临沂新桥中学	2016.06	2015187
校级督导机制研究	刘宗法	续宗纪 张庆永 王成东 郭 勇	临沂新桥中学	2016.06	2015188
农村中学创新安全管理模式的研究	王 新	苏梅华 姚宗花 董 建 陈廷海	临沂新桥中学	2016.06	2015189
农村中学后勤管理精细化研究	郭 勇	殷庆全 曹广富 王合伦 王培健	临沂新桥中学	2016.06	2015190
对初中地理学案编制及使用的研究	焦方玲	刘京超 胡海莉	临沂新桥中学	2014.12	L2014291

续表

课题名称	主持人	参与人	单位	时间	编号
对初中语文教学中的德育教育的研究	刘夫秀	王京花 张庆顺 王培建	临沂新桥中学	2014.12	L2014292A
农村中学学生厌学的原因及对策	谭永红	杜正华 郭庆华	临沂新桥中学	2014.9	L2014293
学生语文学习习惯养成策略研究	张贵爱	刘佃章 郭庆辉 张学德 王晓东	临沂新桥中学	2014.11	L2014294
初中化学实验探究性学习的研究	张才亮	王京礼	临沂新桥中学	2014.12	L2014295
提高学校德育的针对性、有效性的理论与实践研究	郭 勇	咸庆粉 续宗纪 郭庆华	临沂新桥中学	2014.12	L2014296A
中学生行为规范之养成教育研究	刘成涛	史汉法 杨远名 鲁士强	临沂新桥中学	2014.12	L2014297A
初中"化学与生活"教改研究	石少友	闫凡玲	临沂新桥中学	2014.12	L2014298A
初中音乐艺术特长生教学策略研究	姚宗花	绪红滢 王丽丽	临沂新桥中学	2014.12	L2014299A
积累纠错本在初中数理化学科的应用研究	翟继春	王成东 闫凡玲	临沂新桥中学	2014.12	L2014300A
农村中小学英语教学衔接的研究	狄焕平	赵秀芝 李 英	临沂新桥中学	2014.12	L2014301
新课程理念下的体育学科师生关系	孙百明	杜正华 巩 磊	临沂新桥中学	2014.9	L2014302
培养学生问题意识的研究	朱清华	咸晓燕	临沂新桥中学	2014.12	L2014303
初中物理实验课教学模式的研究	吴庆磊	李 英	临沂新桥中学	2014.12	L2014304
初中后进生转化课题研究	刘德存	张 琪	临沂新桥中学	2014.12	L2014305
初中英语高效课堂小组合作学习研究	阚君美	陈廷海 高 洁	临沂新桥中学	2014.12	L2014306
小组合作在初中生物实验教学中的应用研究	杨占武	张庆顺	临沂新桥中学	2014.12	L2014307
初中语文课堂教学小组合作学习探究	李 超	王相珍 张 琪 翟正惠	临沂新桥中学	2014.12	L2014308
农村中学作文教学研究	王相珍	李玉峰 李 超 翟正惠	临沂新桥中学	2014.12	L2014309A
初中历史课堂教学中调动学困生参与教学活动的策略研究	王合伦	李玉龙	临沂新桥中学	2014.12	L2014310A

续表

运用"主问题"教学法构建语文高效课堂的研究	张庆忠	杨泽文 郭庆辉 陈 晓			
利用综合性学习活动培养学生学习语文兴趣研究	王京芹	李 超 王相珍 翟正惠			
初中英语教学有效性研究	刘明霞	咸友霞 王 娟 姚晓娟			
初中生物探究性实验能力培养的研究	王晓飞	胡长伟 杨晓欢 张庆顺 王传顺			
乡村文史教学中培养学生孝道的探索	李玉龙	魏 东 王德启 李建春 吴召军			
中学体育创新教学的实践与探索	杨远名	郭庆华 李锐锋 巩 磊 李正刚			
提高初中生地理解题能力途径和方法的研究	刘夫如	胡海莉 董玉平 刘京超			
初中数学自主、合作、探究学习的研究	陈功玲	张庆永 贺文杰 薛金芝 刘洪国			
农村初中学生良好习惯的培养	王法宝	宋立乾 翟继春 张淑林 李 英			
学案、周清、纠错本三位一体对初中学困生转优的研究	王成东	陈功玲 孙 磊 王丽媛 翟茂红			
对农村中学生厌学的原因及对策的研究	王培建 刘夫秀	王京花 张庆顺	临沂新桥中学	2012.12	
电子备课的方法与实践的研究	杜正华 谭永红	金 力 董 芳 高 洁 朱 斌	临沂新桥中学	2013.6	
对初中生阳光体育冬季长跑活动时效性的研究	郭庆华 郭 勇	魏 东 孙百明 杨庆礼	临沂新桥中学	2013.12	
中小学数学教学衔接问题的研究	张庆永 董西美	朱 斌 高连美	费县新桥中学	2012.6	201110010

续表

初中体育课堂教学有效性的研究	王新 高连美	杜江 秦曦 张洪良	费县新桥中学	2012.6	201110014	费县
营造赏识教育氛围，构建初中语文高效课堂的研究	杨泽文	王京芹	翟正惠 王晓东 张元胜		2013.6	
新课改理念下初中数学小目标教学方式研究	郭英	张仁锴	郭英 张仁锴 王光玲		2013.9	
乡村文史学科教学中培养学生孝道的探索	李玉龙	王德启	张学得 刘宗全 王培华 宋凤宝		2013.11	
初中音乐特长生突破文学课学习障碍的研究	姚宗花	王丽丽	吕红梅 王立功 绪红滢 吕艳箐		2013.6	
对农村中学生厌学的原因及对策的研究	王培建	刘夫秀	王京花 张庆顺		2012.12	
初中数字化校园建设的研究	曹广富	续宗纪	颜丙堂 朱玉田 王生学 咸庆粉		2013.6	
初中学生实验活动安全环境的研究	张才亮	苏梅华	宋立乾 王京礼		2013.6	
初中英语教学有效性研究	李月英	刘明霞	王娟 姚小娟 姚传银		2013.6	
对初中生阳光体育冬季长跑活动实效性的研究实施方案	郭庆华	郭勇	魏东 孙百明		2013.12	
对初中数学学习习惯养成的现状及策略研究	刘佃永	翟茂红	王丽媛 刘成涛		2013.5	
语文研究性学习的研究与实践	李群	贾中彬	李超 陈晓		2013.12	
运用"主问题"教学法构建语文高效课堂的研究	张庆忠	刘佃霞	宋凤玺 张庆岩 张树沛 吕高东		2013.10	
新桥中学学生社团实践活动的研究	张淑琳	杨洪祥	王法宝 翟继春 续宗如		2013.6	
校史激励我们成长 校友鞭策我们成才	石少友	闫凡玲	杨占武 王成东 王宗赟		2013.6	
电子备课方法与实践的研究	杜正华	谭永红	金力 董芳		2013.6	

第二节 教改成果

2018年，学校全面进行课堂教学改革，实行合作学习，并以七年级10班、六年级5班为试点，引进智慧课堂，到2018年9月开学，已建成20个智慧课堂班，12个合作学习班，智慧课堂走在了全市前列。此次课堂教学改革，抓得实，效果好。

为此，《临沂在线》《琅琊网》等媒体给予了报道。从该报道中，就能看出新中人在"小组合作学习""智慧课堂"中是如何进行"新课改"的。

● 临沂新桥中学的"智慧""革命"路

今年暑假，一个从天而降的特大好消息突然降临了临沂新桥中学：中国教育技术协会将于今年10月中下旬在临沂新桥中学举办全国初中学段"智慧课堂"建设推进会。

闻听喜讯，好多"圈外人"目瞪口呆：这么重要的国家级的推进会，怎会在一所不在乡镇驻地的名不见经传的普通得不能再普通的乡村中学举办？

然而，熟知临沂新桥中学一年来艰难的"智慧""革命"历程的人却由衷地赞叹：实至名归！

● "智慧""革命"要夯实根基

2017年8月28日，远在繁华都市的临沂十一中的业务校长孟黎奉命来到了兰山区西北角偏僻的乡村中学——临沂新桥中学——担任党支部书记、校长。

初来乍到，孟黎和学校新的领导班子成员经详细调研发现，这里的老师虽然平均年龄超过了45周岁，但老师们却有一股令人敬佩的狂热的工作激情，有乐于奉献甘洒热血于乡村中学的满腔豪迈。学生虽出身于贫瘠的乡村，但他们身上却处处散发着山村孩子的优秀品德——吃苦耐劳、乐善好学。然而，就是这样一所有着良好办学基础的学校，其教学成绩却连年拖兰山教育的后腿。

原因何在？

转身抓起一条板凳走进了课堂。

这是一堂九年级的数学课。课堂上，那位数学老师讲得眉飞色舞、激情四射。不过，尽管这位数学老师站在讲台上口若悬河、滔滔不绝，可讲台下却有十几名学生趴在课桌上昏昏欲睡。下课后，孟黎把身边的几个学生叫到身边："能给我讲讲你们这节课学习的抛物线的定义吗？"没想到，这几个学生竟一哄而散，其中一名大胆的学生还边跑边喊："我不会。"

连续几天，孟黎随机抽取了十几位老师逐一听课，可是，令人大跌眼镜的是，早已丢进了垃圾桶的填鸭式、满堂灌的教学模式，在这里却大行其道。

教师的教育思想落伍，教学方法陈旧，导致学生不会"善"学、"巧"学，只会随着老师的指挥棒"死"学。如此，学生怎会在课堂上生龙活虎？

真是一把"号准了脉"。

这，已同教育信息化渐行渐远了。

要知道，我国早已进入了"互联网+"的时代，伴随而来的是大踏步向我们走来的"智能时代"。

"互联网+教育"这一崭新的教育思想在我国已初现端倪，"智能教育"也随之诞生，于是，"智慧课堂"走进了人们的视野。直白地说，"智慧课堂"就是依托强大的"互联网+"的巨大优势，用大数据、云计算作支撑，教师"智慧"地教，学生"智慧"地学，师生在其中教学相长，生命得到张扬，教与学的活动即时生成，师生智慧在即时生成中得到飞速成长。这一崭新的教学模式，我国有许多学校进行了试点。从最初全国的4所"智慧校园"试点之一的嵩县思源实验学校传来的"教学成绩大幅度提升"的喜讯，让孟黎和学校新的领导班子成员一起攥紧了拳头：舍得一身剐，也要将临沂新桥中学建成全国第一所全覆盖的真正的农村中学"智慧校园"，让临沂新桥中学这所极其普通的乡村中学用科技手段实现"弯道超车"，成为兰山区、临沂市乃至全国的一张乡村学校响当当的"智慧校园"名片。

这，注定要进行一场浩荡的"自我革命"。

这一"革命"，需要"敢"字当先、夯实根基。

"智慧课堂"的根基是"小组合作学习"。

有在临沂十一中进行"小组合作学习"课改的经验，结合临沂新桥中学的实际，孟黎和学校新的领导班子成员一起开会商讨，大胆设计、规划了临沂新桥中学的"小组合作学习"教学流程——同伴互助、疑难突破、训练展示、反思提升。

对这一流程，学校教科室主任邵泽军的注解最为贴切：传统课堂是以教师为中心，而"小组合作学习"是以学生为中心，学生是课堂的主人。通俗地说，就是教师是"导演"，学生是真正学习的"演员"。

果真如此吗？

先看班级学生座位的排列，一个班级分为 9 个学习小组，学生按日常学习表现从 1 号到 54 号排序，"S"式将学生分到 9 个学习小组，每个学习小组的优等生分为 1 号、2 号，1 号、2 号相向而坐，两侧分别是 3 号、5 号、4 号、6 号，这样，每个学习小组的学生都能相向而坐。这样的分组模式，优等生能带动中等生、学困生学习。

再看小组文化建设。为充分调动各学习小组的积极性，更为了让各学习小组展开竞争，每个"合作学习小组"都自我设计了组徽、组名、规章等等。

面对这些，好多老师无所适从：我们穿着平底鞋会走路，穿上高跟鞋我们怎么走路？对此，孟黎微笑着给老师们解释：现在是让你们穿上运动鞋跑步！

对此，七年级 10 班班主任张仁锴老师率先行动了，并创造性地设置了班级文化和小组文化。紧接着，全校所有班级全部按这一模式根据自己的班情进行了"小组合作学习"构建。

在区教体局教研室和临沂十一中有关领导和老师的指导、培训下，老师们迅速掌握了这一教学模式。

张仁锴的做法最为典型：对新授课，提前 1~2 天设计好学生"自主学习任务单"，其中的练习题是梯次递进的，然后下发给学生利用前一天的晚自习预习，自主完成任务单上的练习题。课上，对有的学生不能解决的问题，就先组内、组间讨论解决，学生实在解决不了的问题，各小组派代表展示于白板上，有能力的学生会出手解决，学生无力解决或解决方案不完美的地方，教师才出手解决。所有问题解决后，教师引导学生自觉总结、归纳出这节课的知识点，反思自己的得与失，提前感知下一节课的知识点。

看似老师轻松愉快，其实不然，年轻教师张美玲曾深有感触地说："课前，教师要付出比平时多几倍的时间和精力设计任务单，然后给自己充电，因为课上，你永远不会知道学生会向你提出哪些刁钻的问题。"

学生能接受这种学习方式吗？七年级 10 班班长史一童回答得最完美："这种模式，彻底解放了我们。我们完全放开了手脚自主、探究、合作学习，真是嗨翻了。"

将这种模式运行了半个学期，经全员讲课、评课，相当一部分教师成了"小组合作学习"的教学标兵；在六校联研期中检测中，学生成绩竟比从前提高了一大截。

就这样，短短半个学期，就牢牢夯实了构建"智慧课堂"的根基。

● "智慧""革命"要勇于试点

摒弃了填鸭式、满堂灌的教学模式，筑牢了"智慧""革命"的根基，孟黎和学校新的领导班子成员并没有急于筑起"智慧课堂"的大厦，而是尝试做起了"智慧课堂"试点。

感谢浙江睿易通科技有限公司的鼎力相助，当学校决定于 2017 年 12 月在七年级 10 班及六年级 5 班搞"智慧课堂"时，他们免费为这两个班级提供了平板电脑，协助学校建好了网络环境，免费提供云教学资源，派出助教进驻学校、班级提供技术支撑。

于是，临沂新桥中学的"智慧课堂"构建正式起航了。

"智慧课堂"到底什么样？别说学生家长疑惑，就连"小组合作学习"班级的师生都大感不解。

当"小组合作学习"班级的老师在学校的统一组织下，走进七年级 10 班和六年级 5 班取经听课时，才茅塞顿开。

以六年级 5 班翟茂红老师的一堂数学课为例。

翟老师早已提前一天将自制的微课及自主学习任务单推送到了每一名学生的平板上，学生利用晚自习提前预习，观看资源库中的微课及翟老师推送的微课等资料，提前自主练习了"自主学习任务单"。

自学时，学生有攀援不上的"崇山峻岭"怎么办？不用怕，学生可以在线研讨、相互指点、彼此帮助，也可以反馈给翟老师。翟老师可以逐一点拨，亦可以课上集中解答。

那么，学生完成"自主学习单"的进度、优劣如何呢？其实，平板早已自动生成了相关数据。课上，翟老师轻轻一点平板，学生完成作业的进度、优劣就通过大屏幕全展示了出来。

……

一堂课下来，老师们大彻大悟了：有"小组合作学习"的流程作支撑，师生在"智慧课堂"里发挥的空间更广阔。

对此，"智慧课堂"班七年级 10 班语文教师王晓飞一语中的："在我们班里，师生人手一台平板电脑，学生学习中遇到了疑惑，可随时推送给我们，我们随时全方位把握、监控学生的懒学、怠学、不学等行为。更大的好处是学生可随时随地学习。在这里，绝没有时空的界限，在以往的传统课堂上是绝对看不到这种景观的。"

六年级 5 班班主任张淑琳老师的话，更像是对王晓飞老师感慨的补充和总结："实际上，我们班的'智慧课堂'分为两部分。一部分是师生在实际课堂上运用'小组合作学习'的教学流程，使用平板完成教与学的任务；另一部分是师生利用平板进行在线的教与学。教师在线推送微课、作业，对学生的自学、研讨根据电脑自动生成的数据进行监控，继而进行指导。学生则利用平板完成自学、作业等任务，并将自己的作业上传，接受老师的'检阅'。遇到疑难问题，学生不论是在线研讨，还是'零距离'地请教老师，都极其方便、快捷。"

得到"小组合作学习"班级师生的认可可喜可贺；得到学生家长及社会的认可更可喜可贺。

在"课堂家长开放日"里,"智慧课堂"班的学生家长走进了课堂,目睹了这一全新的教学模式,学生家长喜出望外:没想到,我们这里的山里娃,竟享受到了如此尖端的"高科技"的信息技术教学。同时,一股深深的疑虑充满了学生家长的脑海:学生要是在平板上玩游戏或进行其他娱乐活动怎么办?

学生史一童和妈妈席顺银的一段对话,彻底打消了众多家长的不安。

席顺银:"一童,课下,你们不会在平板上玩游戏吧?"

史一童:"想的美你!平板上只有教与学的资源,其他功能都锁死了。我倒是想玩玩游戏、看看电影,可还得有地方玩儿、有地方看啊。"

席顺银:"那我就放心了。"

史一童:"你放心就是,学校比你想得周到。"

绿色上网学习,学生家长心中高悬的石头"砰"的一声落了地。

还有一个更大的优势,让"智慧课堂"班的学生家长赞不绝口。

周末,学生把平板带回家,家长根据平板保存的数据,可方便、全面地检查孩子一周的学习情况。

对此,史一童的妈妈席顺银笑着对孩子说:"丫头,今后在学习上您别想偷懒糊弄妈妈了,我可随时随地地检查你。"

家长可随时随地地监控自己孩子的学习行为,一旦发现孩子有"偷懒"行为,可及时提醒、督促、批评。

这一优势,让许多家长心生感慨:"让俺的孩子在这样的班里学习多好啊。"

不知不觉中,几个月的时间过去了。这种信息技术与学科教学深度融合的课改实验,2018年上半年的期中检测,就绽放出了精彩:"智慧课堂"班比"小组合作学习"班的平均分、及格率、优秀率分别高出了11分、20%、3倍。

"智慧课堂"实验取得了圆满成功。

是时候在全校推广这一先进的教学模式了。

● "智慧""革命"要全面开花

得知临沂新桥中学的"智慧课堂"新课改取得了不菲的成绩,山师大信息技术与学科融合教授、专家组于今年6月跑到了学校，从理论到技术给予了全方位的"面授机宜"。浙江睿易通科技有限公司派出精兵强将，对"小组合作学习"班的教师和学生进行培训，使他们快速掌握了这一先进的教与学的技巧，高度认可了这一"高科技"的"智慧教与学"。在全校推广"智慧课堂"的时机已经成熟了。可一个严峻的"现实"摆在了孟黎和学校新的领导班子成员的面前："小组合作学习"班级的学生家长认可这一"智慧"教学模式吗？

耳听为虚，眼见为实。

学生及家长只有亲眼目睹了"智慧课堂"的风采，他们才会全力支持学校建设"智慧校园"的决定。

于是，今年6月，学校在综合楼6楼会议大厅，分别举行了六年级及七年级"小组合作学习"班级的学生及家长参加的"智慧课堂"公开课。

主讲教师是张仁锴老师及翟茂红老师。

两位老师的"智慧"课确实精彩，深深吸引了学生及家长的眼睛，他们万万没有想到：课，可以这么上。

更令他们惊奇的是七年级10班学生杨夫全的现身"说教"。

未进行"智慧课堂"新课改前，杨夫全在七年级10班的学习成绩处于中下游水平，位于七年级300多名，自七年级10班搞"智慧课堂"新课改后，他的学习成绩突飞猛进，今年上半年期中检测，其成绩一下子提高到了年级125名。

"小组合作学习"班级的学生及家长愣了。

公开课结束后，孟黎大踏步走上主席台，对台下欢呼雀跃的学生及家长郑重宣布：学校要整体推进"智慧课堂"建设。刹那间，台下响起了雷鸣般的掌声，尽管选择"智慧课堂"班级学习要自费购买平板并每学年要给浙江睿易通科技有限公司缴纳一定数额的服务费。

走出会议大厅，放在出口处的课桌上准备逐一发放给学生家长的"购买平板电脑协议书"及"购买平板电脑合同书"，竟被学生家长一抢而光。

学生及家长自愿进入"智慧课堂"班学习的盛况不展开详细描述，就用一组数字和一个小故事衬托吧。

暑假后的七年级，一共有 14 个班 653 名学生，竟有 388 人进入了"智慧课堂"班学习，如此，七年级组建了 8 个"智慧课堂"班；暑假后的八年级，共有 12 个班 556 名学生，自愿进入"智慧课堂"班学习的学生达 355 人，如此，八年级组建了 7 个"智慧课堂"班；九年级因面临毕业参加中考，学校原本决定不在九年级组建"智慧课堂"班，可部分学生及家长竟"强烈抗议"要求组建"智慧课堂"班，无奈，学校在九年级组建了 6 个"智慧课堂"班。

短短两个月的时间，全校就组建了 21 个"智慧课堂"班。

人们万万没有想到，临沂新桥中学"智慧课堂"的发展竟如此迅猛。

另一个感人的小故事是这样的。

今年暑假前的七年级 6 班有一女生叫张硕，其家长在观摩了一堂"智慧课堂"试点班的"智慧"课后，竟领着女儿来到了校长办公室："校长，不知道俺女儿的班什么时候也办'智慧课堂'，今后要是不办了，你费费心把俺女儿调到七年级 10 班吧。"

孟黎耐心劝说，才把她劝走。

当学校决定在全校全面推进"智慧课堂"建设时，张硕的妈妈替张硕第一个报了名。

来之不易的成功确实令人陶醉，然而，今年 6 月中旬的一天，六年级 11 班班主任张洪良老师领着学生刘健的父亲刘夫华走进了校长办公室。说明来意，孟黎和学校新的领导班子成员陷入了沉思。

原来，刘夫华有三胞胎的儿子都在六年级就读，三个儿子都想进入"智慧课堂"班学习。这，对于一个普通的农村家庭来说，一下子交纳三个儿子的"智慧课堂"费用确实困难。

孟黎立即召开了班主任会议，迅速统计特困家庭的学生数。经同浙江睿易通科技有限公司协商，一下子减免了特困家庭的学生进入"智慧课堂"学习的费用近 10 万元。

费尽心机搞"智慧课堂"新课改，学校教学成绩如何呢？窥豹一斑，今年毕业的九年级学生有 297 人参加了中考，进入高中录取线的学生达 111 人，这同往年相比，竟多出了近一倍。

"智慧课堂"的全面开花，教学成绩的大幅度提升，在社会上产生了广泛的影响。义堂中学、枣园中学、李官中学等地的许多学校的领导和老师慕名前来观摩取经。

今年 8 月 6 日，临沂新桥中学承办的"中国教育技术协会云教育联盟（初中）学科教研交流会"如期举行，来自青岛、潍坊、临沂的 18 所学校 100 余名学科专家及一线教师见证了这一历史时刻。

莅临会议指导教研的山师大有关教授、专家在会议期间就表态：把我们"编进""智慧课堂"班里当一名虚拟学生，我们要和你们一起参与"智慧课堂"新课改的教与学，见证临沂新桥中学"智慧课堂"的突飞猛进。

这是对临沂新桥中学"智慧课堂"新课改的充分肯定。

面对这些成就，孟黎和学校新的领导班子成员并没有满足，他们知道：学校还有部分学生没能进入"智慧课堂"班学习，没有品尝到"高科技""智慧课堂"的魅力。因此，让全校学生进入"智慧课堂"学习，真正建成全国第一所农村中学"智慧校园"就成了摆在孟黎及学校新的领导班子成员面前艰巨而重大的课题。

不过，有了以上的成功经验，2019 年年初实现这一目标，肯定"杠杠地"。

第三节　我校学生创意素养能力强

近两年来，我校特别注重对学生进行"创意素养"能力的培养，取得了丰硕的成果。连续两次参加"兰山区中小学创意素养能力展"，均获得了优异的成绩，得到了教体局领导和兄弟学校的一致好评。

● **我校积极参加"2020 年兰山区中小学创意素养能力展"大赛**

2020 年 11 月 28 日，临沂义堂小学举办了"兰山区中小学创意素养能力展"活动，活动由临沂市兰山区教育和体育局、临沂市兰山区科学技术协会、临沂大学信息科学与工程学院联合举办。

青山着意化为桥

此次创意素养能力展，临沂新桥中学参展了 9 个大项目，75 名师生参赛，共提交作品 114 件，并有 57 人参加了现场类比赛。

为了此次比赛，临沂新桥中学积极组织并制定了详细的活动方案，确定了各个参赛项目的具体负责人（①电脑绘画—科幻画项目负责人：刘云、赵鹏宇；②开源硬件项目负责人：王小涵、姜自波；③"纸艺设计制作"项目负责人：杨晓欢、王丽媛；④数字动漫项目负责人：姜自波、谭永红、史汉法；⑤纸桥承重项目负责人：刘夫如、翟继春；⑥鸡蛋撞地球项目负责人：王成东、翟继春；⑦扑克牌搭高项目负责人：刘夫如、王成东；⑧ Python 编程项目负责人：姜自波；⑨学校科技创新小记者负责人：张美玲），并召开了"创意素养能力展"筹备会，详细解读活动的通知与方案。

赛场中队员们沉着应战，充分展现了我校学生良好的精神风貌和专业素养。

此次比赛项目的总负责人姜自波老师介绍说，从今年 4 月份进行活动的宣传动员，到 9 月份的校级展示选拔，最后经过一个多月的精心准备和有效的指导与安排，指导老师和学生共同分析比赛方案和可能遇到的困难，团结协作，苦练技能，并在比赛中保持良好的心态，正常发挥。姜老师表示，在今后的竞赛活动中，会不断总结经验与不足，再接再厉，争取为学校取得更加优异的成绩！

副校长李玉峰介绍说，临沂新桥中学现已初步构建起培养学生创意素养的教育体系，在全面提高教育质量的基础上，学校将结合实际，认真贯彻深化教育教学改革的工作要求，顺应技术发展的大势，积极培养学生的创新意识和创新能力。

通过本次比赛，为学生展现自我提供了平台，激发了学生的创新能力和实践精神。这不仅增强了学生的科技创新意识，还激励了更多的学生参与到科技创新活动中来，营造出"智能、物联、创新、发展、脱贫"的良好氛围。

第四节　体育及艺术成果展

● 体育成果

我校充分发挥体育育人的作用，大力开展阳光体育运动，每年定期召开运动会。学校成立了篮球队、排球队、体育运动队，并进行比赛，丰富活跃了学生的课外生活。按时参加县（区）组织的各种体育比赛。1981年，获县田径运动会第一名，县篮球比赛男队第一名、女队第五名；1982年，获县田径运动会第五名；1983年获县田径运动会第六名，县排球比赛第一名，乒乓球比赛第七名；2013、2015年获区教师基本功大赛二等奖，区羽毛球大赛优秀组织奖；2014年，获区首届中小学生体育节初中组团体总分第五名，区中小学生排球联赛初中女子组第四名；2015年区篮球赛初中男子组第六名；2017年，获市中小学生篮球联赛男子初中组第六名，排球联赛男子初中组第六名等多项荣誉称号；2018年，有20余名教师参加了区组织的马拉松比赛，取得了较好成绩。2019年4月21日，我校运动员在兰山区中小学生排球联赛中荣获亚军，男子篮球联赛荣获季军。2020年9月27日，由临沂市体育局、临沂市体育总会主办，临沂市橄榄球运动协会承办的2020年临沂市第十届全民健身运动会"中临建设杯"橄榄球比赛在临沂三十二中落下帷幕，经过两天的激烈角逐，我校橄榄球队荣获男子乙组盘级冠军、女子乙组碗级冠军，这是继2020年9月12日"市七运会"橄榄球赛我校获得亚军之后又一个新突破！

● 艺术成果

为了大力推进素质教育，提高学校艺术教育活动水平，促进学生德智体美全面发展，我校成立了合唱、书法、美术等艺术团体，提倡班班有歌声、班班有美术园地，让艺术之花香满校园。1981年获县中小学生美术展第一名；1982年学生崔士奎参加全国少年儿童民族乐比赛，获三等奖，得一枚铜牌；1983年，美术教师参加省第二届版画展，作品被选送到山东教育出版社；2010年获市《祖国在我心中》征文大赛学校优秀组织奖，市校园歌手电视大赛优秀组织奖；2017年，获市"庆国庆、学党史"教育竞赛三等奖等多项荣誉称号。

第五节　独领风骚的办学特色

教育的本质在于唤醒人的生命意识，启迪人的精神世界，实现人的生命价值。为了让教育回归本质，发展学生的核心素养，学校从智慧课堂、特色办学、课题研究三个方面引领学校发展，实现"打造最美乡村中学，让每一个生命都精彩绽放"的办学初衷，形成了独领风骚的办学特色。

● 以智慧课堂为核心，提高教育教学质量

随着"互联网+教育"的蓬勃发展，农村中学借力打力实行教学改革势在必行，大面积地提高教学质量已迫在眉睫。自2017年9月始，我校顺应时代潮流，经多方考察、论证，决定和网络教育技术公司联合，引进"智慧"课堂教学，以提高教师"教"的技巧和学生"学"的效率。

为此，我校先行推进了"小组合作学习"新课改，在此基础上，推行"智慧课堂"构建。一方面，我们确立了"鹰一样的个体，雁一样的团队"的理念及"在研究的状态下教学，在教学的过程中研究"的原则，制定"小组合作学习实施方案"及"小组合作学习评价细则"，把"以生为本、自主快乐、合作高效"作为小组合作的重要指标，创造有生命力的生本愉悦课堂。另一方面，制定"点、线、面"三步推进的"智慧校园"构建策略，于2017年底在合作学习典型班级搞"智慧课堂"试点，此谓"点"；再于2018年6月征

求教师、家长和学生的意愿，本着"自主选择、自愿参加"的原则，实现半数班级的"智慧课堂"改革，此谓"线"；最后力争于2019年3月份新学期之初，实现全体学生、所有班级的加入，此谓"面"。截至目前，我校已建起20个"智慧课堂"班和12个"小组合作"学习班。

功夫不负有心人，经过全体师生近一年的努力，我校的教学质量取得了大面积的丰收。"智慧课堂"班九年级毕业学生309人，达到市级及区级高中学校分数线的人数达111人；七、八两个年级的期末检测成绩，在六校联研中也从过去的倒数第一进入到第二名。

● 以亮点工程为载体，打造学校发展特色

我校把社团发展作为亮点"工程"，着力打造学校发展特色。

为此，我校成立了国旗班，还先后成立了魔方、制作、合唱、舞蹈、象棋、书法、文学社、篮球、排球、茶道、太极等社团，以此张扬学生个性，引导学生全面、健康发展。同时，我校政务处从学校到年级均成立了学生会，对学生的就寝、就餐、自习、环境卫生等进行"自我管理"，提升学生的自我管理能力。

一分耕耘一分收获，36个社团成立一年余，就取得了长足进步。以文学社为例，在辅导老师的指导下，文学社就有227名学生在省市级的媒体及校刊、校报上发表作品，有27名同学加入临沂市作家协会，67名同学成长为《少年天地》杂志小记者，69人成了琅琊网科技小记者。今年进入高中学校和职业中专学习的学生，有16人成了高中学校校报、校刊的记者、编辑，7人成了职业中专学校学生会宣传部的骨干。

● 以课题研究为纲领，规范学校科学管理

只有从各处室到各年级再到教师个体形成合力，才能描绘美好的蓝图。

校长和副校长全都热衷于课题研究，校长室形成了浓厚的课题研究氛围。教务处、政务处、总务处、团委、综治办、女工委及各级部，也根据自己的

管理属性开展了相关的课题研究。教务处开展了《调动乡村中学教师开展"智慧课堂"教学积极性》的课题研究，政务处开展了《乡村中学"智慧课堂"班级文化建设的研究》的课题研究，总务处开展了《农村中学后勤管理精细化研究》的课题研究，团委开展了《乡村中学学生社团管理办法》的课题研究，综治办开展了《农村中学创新安全管理模式的研究》的课题研究，女工委开展了《农村中学女教师名师培养策略研究》的课题研究。各级部的管委会也开展了系列的课题研究。七年级管委会开展了《乡村中学小组合作学习中学生心理调节的研究》的课题研究，八年级管委会开展了《乡村中学"智慧课堂"班级"学困生"的转化策略》的课题研究，九年级管委会开展了《乡村中学破解学生中考心理压力的方法》的课题研究。

潮起海天阔，日出正扬帆。回顾过去，汗水凝聚成绩，拼搏铸就辉煌；喜看今朝，学校蓬勃崛起，学子扬帆起航；展望未来，全体新中人将凝心聚力，锐意进取，努力"打造最美乡村中学，让每一个生命都精彩绽放"。

第六节　科研兴校

早在 2001 年，学校加大了"科研兴校"的力度，成立了教科室，由姜开存任教科室主任。后来，因工作需要，王成东、续宗纪、李超、贺文杰、邵泽军、狄焕平先后主持教科室工作。

这期间，历任教科室主任尽职尽责，将手中的"接力棒"薪火相传，倾力于教科研的"接力赛"。推门听课，联研教研，红红火火；做教育教学课堂研究，撰写教育教学论文蔚然成风。

2017 年 8 月，以孟黎为班长的学校新的领导班子成立后，将教科研工作放在了重中之重的位置来抓。自此，学校教科室全力协助学校推行了"小组合作学习"教学模式。在先行试点、全面推广、总结提升的基础上，形成了颇为鲜明的"小组合作学习"教学流程——同伴互助、疑难突破、训练展示、反思提升。在此基础上，学校于 2017 年 12 月精心挑选了 2 个班级搞起了"智慧课堂"教学实验,在实验大功告成的前提下,于2018年上半年,经家校携手、上下联动,全面推行了"智慧课堂"教学改革。至2018年暑假后,共建成了20个"智慧课堂"班,12个"小组合作学习"班,于是学校"互联网＋教育"的教学改革和"智慧校园"建设走在了全区、全市乃至全省乡村中学的前列。"智慧校园"硬件建设突飞猛进,软件建设也日新月异。在中央、省、市、区电教馆的领导下,在山师大等高校专家、教授的指导下,在云教育联盟等兄弟学校的大力协助下,全校一线教师勇于探索,通力合作,反思提升,形成了颇有时代气息的"智慧课堂336教学策略""临沂新桥中学智慧361实效课堂教学模式",构建起生本愉悦课堂,学生核心素养渐入佳境。

一花独放不是春,万紫千红春满园。随着"智慧课堂336"教学策略的诞生,一批"智慧课堂"的行家里手脱颖而出。2018年下半年,张仁锴、刘京超、王京美远赴江苏盐城送教;到潍坊昌乐参加全国"智慧课堂"优质课展评活动,受到中央、省、市电教馆领导和有关专家及教师的高度好评。

据统计,自2001年至今,全校教职工共申报、结题国家、省、市、县(区)级各类教育教学课题近100项。其中2017年4月一国家级课题结题,两项省级课题结题。2018年6月一国家级课题成功立项。1人被评为省级教学能手和教学骨干,1人被评为市级教科研能手,38人被评为市、县(区)级教学能手,26人被评为县(区)级教科研骨干,200余人次获省、市、县(区)级教学成绩奖,全校教职工发表教育教学论文300余篇。产生了广泛的共鸣,引起了社会的高度关注。

我校每学期还实行教师公开课、示范课、新教师汇报课制度。听课安排周密,教师积极参与,听课记录详细,课后研讨热烈。这一制度的实施,加快了科研兴校的步伐。

由此,学校多次获得县(区)级教科研先进单位称号。随着教科研工作的持续发力,推动了学校新课改的蓬勃发展,教育教学质量连年攀升,向社会输送了一批又一批优秀人才。

第七节　我校历年招生、毕业情况表

年份	学校	招生人数	班级数	毕业人数	在校学生人数	总班级数	正常适龄儿童入学率（%）
1985	新桥中学	520	10	496	1239	30	98
1986	新桥中学	544	10	506	1564	30	97
1987	新桥中学	632	12	511	1644	32	95
1988	新桥中学	594	11	528	1765	33	96
1989	新桥中学	460	8	621	1656	31	98.5
1990	新桥中学	459	8	588	1501	27	96
1991	新桥中学	733	12	452	1608	28	97
1992	新桥中学	704	12	446	1823	32	98
1993	新桥中学	372	12	712	1764	36	95
1994	新桥中学	618	12	689	1608	36	97
1995	新桥中学	723	12	366	1632	36	96.5
1996	新桥中学	809	12	601	2144	36	95
1997	新桥中学	578	12	703	2003	36	97
1998	新桥中学	806	12	789	2112	36	98
1999	新桥中学	1077	16	563	2382	40	96
2000	新桥中学	1279	22	799	3008	50	95
2001	新桥中学	1034	16	1035	3342	54	96
2002	新桥中学	708	12	1220	3006	50	97
2003	新桥中学	664	12	1011	2318	40	97

续表

年份	学校	招生人数	班级数	毕业人数	在校学生人数	总班级数	正常适龄儿童入学率（%）
2004	新桥中学	933	15	699	2214	39	96
2005	新桥中学	523	12	612	2104	39	95
2006	新桥中学	432	10	902	1821	37	97
2007	新桥中学	558	12	501	1462	34	98
2008	新桥中学	753	14	412	1625	36	96
2009	新桥中学	627	10	523	1731	36	95
2010	新桥中学	525	10	683	1825	34	97
2011	新桥中学			759			
2012	新桥中学			648			
2013	新桥中学			531			
2014	新桥中学			420			
2015	新桥中学			280			
2016	新桥中学			362			
2017	新桥中学			464			
2018	新桥中学			305			
2019	新桥中学			584			
2020	新桥中学			579			

第八节　媒体关注

我校对"智慧课堂"教学模式的探究及 2020 年疫情期间我校师生"居家抗疫、线上教学"的做法及经验，引起了媒体的关注，并给予了报道。现择其两篇公布于众。

● 用"智慧"点亮"空中课堂"
——临沂市兰山区新桥中学从"336"到"361"的智慧课堂教学模式探究

2020 年春季，突如其来的新冠肺炎疫情让网课成为"停课不停学"的一种救急手段。本次大规模线上教学在取得巨大效益的同时，也有众多喧嚣之声。究其原因，主要是有些教师未摸索出与网课教学相适应的模式，把传统课堂的模式直接搬到了网课上，造成了"水土不服"。

临沂兰山区新桥中学是网课教学的先行者。"从 2017 年秋季实行智慧课堂新课改开始，到今天，我们已走过了近 3 年的新课改之路。全校师生通力合作，先后探究出了'336''361'教学模式。今年疫情期间，师生居家抗疫、线上学习，特别得心应手。"谈起这些，该校校长全宗旭脸上露出了自豪的神情。

"336"让学生学会了合作学习

"什么是智慧课堂？就是依托'互联网+'的巨大优势，以大数据、云计算为支撑，利用平板电脑、触摸一体机等工具，教师智慧地教，学生智慧地学。"关于探究智慧课堂"336"教学模式的初衷，该校业务副校长李玉峰这样介绍道，"智慧课堂的核心是线上教学。在传统教学中，教师是课堂的主人；在智慧课堂上，学生是主人。显然，教师们穿着传统教学这双'老鞋'，在智慧课堂这条'新路'上行走，简直是寸步难行。我们必须探究出智慧课堂的教学模式来。"

于是，该校98名一线教师纷纷投身于探究的行列里。2018年，快放暑假时，学校召集17名有所成就的教师进行研讨，集思广益。很快，具有新桥中学特色的智慧课堂"336"教学模式应运而生。

"'336'教学模式中的第一个'3'，指的是学生课前自主学习、课堂知识内化、课后个性学习这3个学习时段；第二个'3'指的是教师课前编制推送自主学习任务单、推送微课等学习资源、课上导学3种教学手段；'6'指的是学生课前自学、课堂助学（同伴互助）、研学（疑难突破）、展学（训练展示）、思学（反思提升）及课后拓学6个学习环节。"该校智慧课堂教学能手、多次外出送教的教师张仁锴对"336"教学模式这样解读。

那么，这样的课该怎么上呢？走进该校教师张美玲讲授《〈诗经〉二首》的课堂，我们找到了答案。

课前，张美玲给学生下发了纸质的"自主学习任务单"，让学生利用晚自习完成任务。任务单上不仅有达成目标、学习方法、知识链接等知识、目标、情感等层面的内容，还有完成自主、合作、拓展等能力提升层面的内容，练习题是梯次递进的。

在课堂上，张美玲一开始就让学生用平板电脑拍照并上传，在展示自己的自主学习成果的同时，将疑难问题也一并展示出来。对这些疑难问题，全班各学习小组分别进行讨论，本学习小组或其他学习小组都可以解决。实在解决不了的，教师才帮助解决。接下来，张美玲通过平板电脑推送了当堂的达标训练题，让学生们进行合作探究。张美玲轻轻一点"一键生成"，各种数据一目了然，对学生的评价即时生成。最后，张美玲发动学生从学习收获、学习困惑、学习方法、团队创优或不足等角度，对本节课进行了总结。

在晚自习时间，张美玲解决了学生通过平板电脑反馈过来的"拓学"中遇到的各种疑难问题。

再看学生史一童和她带领的学习小组的"操作"。那个晚自习，史一童拿到张美玲老师下发的任务单后，就带领小组的5个同学按老师的指点预习了课文，并把任务单上的习题逐一自主探究。遇到了"拦路虎"，本组同学就合作探究。课堂上，史一童把本组的疑难问题公之于众；全班学生讨论得特别热烈，纷纷献计献策，圆满地解决了疑难问题。即便在训练展示、反思提升环节，史一童和她的同学也携手合作、集思广益。

"居家抗疫，线上学习，史一童可积极了！"谈起女儿，家长席顺银打开了"话匣子"，"网课开始前，她会在钉钉上把'掉链子'的同学'钉'到平板电脑或手机前；课后，谁的作业没完成，她会一一督促、检查。谁有过不去的'火焰山'，她会和本组的同学一起在线探讨、交流。对'掉队'的同学，她就在线给同学当'先生'。"

"'史一童现象'不是个例。"该校教务处主任张庆永说，"经过智慧课堂的锤炼，每个学习小组的组长都具有这种交流、沟通能力，具有一定的组织和管理能力。在组长的带动下，组员的交流、沟通、组织和管理能力都有了大幅的提高。"

"361"让学生学会了创新学习

"我们对智慧课堂'336'教学模式的探究快3年了，尽管它对培养学生自主学习、合作学习的兴趣贡献多多，但是其弊端也逐渐显现出来。"2019年秋季开学后，李玉峰一针见血地说，"其一，智慧课堂里，平板只是工具，师生却过于依赖，脱离了教师板书和学生书面固化的优良传统。其二，日常教学中，师生把'336'教学模式固化了，不知如何变通和自主创新。"

校长全宗旭和业务教干、骨干教师一起反复论证，决定把"336"的精华和石家庄市精英中学"高效'6+1'课堂教学模式"的精华糅合在一起，形成"1+1>2"的智慧课堂"361"教学模式——"3"指的是课前、课中、课后3个学习阶段，"6"指的是课堂教学的导、思、议、展、评、检6个环节，"1"指的是"用"，即在课后活学活用、创新学习。

就课中的"导、思、议、展、评、检"6个环节，该校教学能手王京芹解释道："'导'包括'导入'和'导学'。要选好切入点和兴奋点导入，将当堂的学习目标、重难点、需要解决的问题以《课堂导学提纲》的形式下发给学生。'思'指的是自学深思。在这个过程中，学生在规定的时间内研读教材文本，观看'和博士'等相关的微课资源，结合《课堂导学提纲》，利用《自主学习指导课程》完成读书、思考等任务，提出问题和解决问题。'议'指的是合作研讨，意在培养学生的合作学习和口头表达能力。在这个过程中，学习小组组长是带头人，学生'三三合作'进行问题讨论，解决自学中的疑难问题。'展'指的是展示。在这个过程中，学生通过口头质疑、拍照上传、板书板演等形式展示问题，暴露自学和讨论中存在的问题，然后，各出奇招，提出解决问题的方法和思路。教师通过诱导和激赏调动学生的探究激情。'评'指的是点评精讲。'检'指的是检测反馈，这一环节主要培养学生的整理归纳和反思内化能力。当然，最关键的就是最后一步'用'，这一步重点在于培养学生的活学活用及创新学习能力。"

去年10月，验证智慧课堂"361"教学模式是否高效的汇报课、展示课轰轰烈烈地展开了。"'361'这个模式是对'336'的丰富和发展。它不仅吸收了传统教学的精华，还增加了创新发展的元素，虚功实做、实功细做，特别接地气。"两个月后，尝到"361"甜头的年轻教师王晓飞代表全校教师作出了这样的评价。"'361'能让我们的学习基础更扎实，并让我们更加注重实践操作和创新学习。"九年级学生殷志莹这样说。

殷志莹说得没错。该校为了把"用"做实做细，发动教师组织学生成立了数学社、文学社、趣味物理社等30多个社团。每周三下午的第三、第四两节课，学生集中开展社团活动。在这里，学生尽情地翱翔于"用"的蓝天。学校每月都表彰有突出表现的"学王""学霸"，以此调动学生们的积极性。

这些举措尽管实施的时间还比较短，但初期效果还是显现出来了。去年11月，该校创客、机器人、科技制作等社团的学生参加兰山区与临沂大学联合举办的"创意素养能力展"活动13个项目的比赛，共有69人获奖，其中有10人获得甲等奖。这是该校学生活学活用、创新学习成果的生动体现。无独有偶，在"临沂市第二届校园文学征文大赛"中，该校有13名学生获奖，学校获得"优秀组织工作奖"。自去年秋季开学至今，该校文学社团成员的稿件被省级以上刊物采用56篇，有17名学生的表现优异。

"我们不但要培养学生自主学习、合作学习的能力，还要培养学生的活学活用、创新学习素质。唯有如此，才能助力学生健康成长、全面发展。"全宗旭如是说。（此稿发于2020年5月4日《山东教育报》）

● 此时无"生"已有"生"
——临沂新桥中学构建"网课"教学生态的实践探究

疫情期间，山东省临沂市兰山区临沂新桥中学同其他学校一样，教师"网课"直播，学生居家线上学习。时至今日，这样的线上教与学已近 2 月。透视我校"网课"的实践探究，"把学生抓在手里"是其主旋律。

仓促上阵，三方惊呼"耗不起"

2 月 10 日，是新学期开学的日子，新冠肺炎疫情的爆发，教师、学生必须居家抗疫。学生学习耽误不得，于是，"网课"应运而生。然而，"网课"直播仅两天，"意见书"就雪片般飞到了学校领导的手机里。

我校智慧课堂名师张仁锴的意见很中肯："传统课堂也好，智慧课堂也好，我们都是和学生面对面地教与学，可如今的'网课'因见不到学生让我找不着北了。我把传统课堂的'师讲生听'及智慧课堂的'导、思、议、展、评、检'移植到'网课'中，但检验'网课'效果的标尺是学生的学习积极性和学习效果。可从这两天学生反馈的信息看，效果大打折扣。这样的'网课'，我真的'教不起'。"

我校学生家长的意见也很中肯。八年级 4 班学生张浩楠的妈妈闫娟的意见，把学校领导打了个愣怔："孩子抱着手机看'网课'，我得坐在孩子身边监督他，我怕万一孩子控制不住自己，偷偷地玩游戏。这两天，我和其他家长交流，他们均有同感。"其他家长也纷纷反映：复工复产了，我们不在家监督孩子，自制力好的孩子肯定没问题，可自制力差的孩子呢？这样的"网课"，我们"陪不起"。

学生的意见如何？

班主任汇总了 3 条学生意见：见不到老师站在讲台上"口若悬河"，我们没有"领路人"；不坐在教室里，我们找不到学习氛围；虽然通过钉钉和平板也能和老师、学生交流，但没有面对面好。这样的"网课"，我们"学不起"。

不能"面对面"，这样的"网课"，教师、家长、学生三方都"耗不起"。

痛定思痛，经过短时间内的充分讨论，我校上下形成了共识：随着5G的普及，"网课"一定会成为常态，但穿旧鞋走新路，肯定寸步难行，必须尽快构建"网课"教学生态。

于是，我校开启了实践探究。

合作学习，确保一个"不掉队"

重新反思我校2017年进行的"小组合作学习"探究，我们认为：在"网课"中推广"小组合作学习"，定会调动起学生"网课"学习的积极性。

说干就干，各班班主任在充分听取各任课老师意见的基础上迅速行动，结合学生的性格特点，将本班学生按历次测试成绩重新排序，采用"混搭"的方式重新分配学习小组，每组6人。本组内成绩最好、自制力最好且具有一定组织能力的学生为组长，负责调动学生"网课"学习的积极性；善于管理的学生为副组长，负责线上管理本组同学"网课"学习状态。各合作学习小组的正副组长，必须确保不让一个学生掉队。

重新直播"网课"，合作学习的作用立马显现出来了。

我校七年级20班学生刘本一，脑瓜子特别聪明，但自制能力却不好。班主任王丹老师一反常态，安排他当了合作学习小组的副组长，线上管理本组同学的学习状态。

接过这副担子，刘本一一脸自豪，对妈妈说："班主任让我当副组长。"妈妈知道班主任老师的良苦用心："儿啊，当干部了，你可得好好表现。"刘本一频频点头。

前两天的"网课"学习，刘本一真的坐不住，每节"网课"开播不到10分钟，他就以上厕所、喝水等理由逃离课堂，妈妈都得拧他的耳朵把他拧到手机前。可自从当了副组长，他学乖了，每节"网课"他都边学边做笔记，按时将作业在线传送给老师批阅。刘本一的表现，班主任王丹老师"看在眼里"、喜在心里，就给他鼓劲："本一，可别忘了你的职责哟！"刘本一秒懂了。"网课"上，他经常向本组同学提问题，线上借机摸一摸其他同学的学习状态，谁稍有分心，他会一键提醒，立马将同学拽回来。每天"网课"结束，他都会线上向班主任王丹老师打"小报告"："老师，今天的'网课'学习，我们组

青山着意化为桥

没一个掉队的。"每次得到刘本一的汇报，王丹老师都会给他一个大大的"赞"。

九年级二班的史一童是我校合作学习的标兵，自进行小组合作"网课"学习后，她表现得更加积极、活跃。

我校每天安排4节"网课"，每节时间是30分钟，全部安排在上午，每天首节"网课"直播的时间是早晨8点30分。下午，学生全部在线预习老师推送的第二天的"网课"学案、在线提交作业、研讨等。

每天下午，史一童都会将第二天的学案细分成若干问题，在线推送给本组同学，督促本组同学按学案预习新课。规定的时间内，如有哪位同学不能将预习答案提交给她，钉钉在线提醒的铃声会震醒"梦中人"。第二天早晨8点15分，史一童一定会通过钉钉将本组同学一一"钉"醒：快"网课"直播了，收到请回复。假如有谁未回复，史一童按下"催促"键，钉钉急促的铃声会把那位同学"拽"到手机或平板前。课后，她定会让本组同学在规定的时间内一一把作业提交给她把关。如果谁有过不去的火焰山，她定会给这位同学当辅导先生。

在这样的合作学习小组里，肯定没有一个掉队的。

我校八年级6班的张浩楠，是本班一个合作学习小组的组长，他在钉钉建了一个虚拟的"研讨室"。每天下午自习课，他会一一把本组同学"叫"到"研讨室"里，和同学一起梳理上午四节"网课"的知识点，用思维导图将知识点一一串联。对疑难问题，大家各抒己见，直到圆满解决了才罢手。末了，他还会组织本组同学一一发表自己的"网课"学习体会，分享成功经验，供本组同学参考学习。

在这样的合作学习小组里，怎会有掉队的呢？

摇身一变，教师成了"跟班生"

为使"网课"直播高效化，我校采取了这样的方式：各年级各学科的备课组对每节"网课"都进行课前教研、集备。直播教师集集体智慧撰写"网课"教案，制作精美课件，录制或下载微课，然后将其推送到同年级本学科的集备钉钉群里，再次听取同年级本学科组老师的意见，进行第二次备课，形成最优教案，再进行"网课"直播。我校七年级共有20个教学班，1人"网课"

直播，20个班的学生同时收听收看；其他10位老师就按每人2个班的数量下沉到班级里做"跟班生"。

教师做"跟班生"的好处之一是，可以随时解决师生"网课"教与学的技术操作问题。

九年级年轻的信息技术老师姜自波一人跟班九年级的10个班级。身为计算机教育学毕业的硕士生，解决师生平板、钉钉学习软件平台中的技术操作问题是她的拿手好戏。不论谁的平板、手机由于信号不好等原因出现了卡顿问题，她会迅疾在线给师生支个妙招，师生几秒之内就解决问题；哪个同学拍照上传作业遇到了麻烦，连麦发言突然没有了声音，她都会立即"现场"指导学生在几秒内解决。最紧张的时候，一上午，她常常要指导师生解决近百次问题。

做"跟班生"的好处之二是，可以及时把脉学生的学习动态。

我校九年级年轻的语文老师张美玲是这样做的。

课堂里，她在线和学生"坐"在一起，时时观察着每个学生的一举一动。"网课"直播老师随堂推送的问题，她会立即让学生把答案截图推送给她，她即时抽查、批阅、点评。直播老师最怕不能和学生互动、交流，张老师就及时在线呼唤同学，带动学生和直播老师互动、交流，活跃"网课"气氛。一节课下来，有的学生就给张老师留言：老师，有您在，我们就有了主心骨；老师，有您在，这样的"网课"和我们平时坐在教室里没什么两样。一周"网课"学习结束，张老师就鼓励学生制定下周的学习目标，并用随堂回答问题及作业质量来检验每个学生是否完成了自己制定的学习目标。

做"跟班生"的好处之三是，可以及时调节学生"网课"学习的心理情绪。

七年级生物学科带头人杨晓欢老师的做法颇为典型。

杨老师是七年级生物学科的"网课"直播带头人。没有"网课"直播任务的时候，她就全身心地下沉到分配的班级中做"跟班生"。同学生"蹲"在一起时，她发现七年级6班刘凯琳、张雅静两个女生，因超长的假期，"网课"学习的压力，长久未和老师、同学在一起欢笑，渐渐地产生了焦虑心理。下午上完了自习课，杨老师联系两个女生打开了钉钉视频，连麦两个女生进行心理疏导。她细心地引导两个女生做踢毽子、跳绳等放松身心的体育活动；

和她俩拉家长里短，鼓励两个女生敞开心扉，大胆说出心中的郁闷和烦躁，排泄心中的压力和焦虑；她还动情地教唱两个女生喜欢的青春励志歌曲和讴歌勇于"逆行"的白衣天使的歌曲。连续十多天的耐心开导，她终于平缓了两个女生的焦虑情绪。

线上监管，教师学生"全覆盖"

有效的监管机制，是推进高效"网课"不可或缺的重要一环。

我校对全校师生"网课"教与学的监管，分年级、学校、教干巡课三个层面，实现了对全校师生线上监管的"全覆盖"。

先看年级的监管。

八年级年级主任狄焕平对师生"网课"的监管是这样做的：每位直播"网课"的老师直播结束后，要立即把直播截图发到班级钉钉群里，截图的右上角，有学生在线学习"网课"的数量，对照年级学生总数，有多少学生没在线学习"网课"一目了然。从各跟班教师上传的数据中，就很容易找到没有在线学习"网课"的学生名单。因事、因病等原因没能在线学习"网课"的，他会安排直播老师为其补课。

学校的监管更是到位。

业务校长李玉峰，每早8点准时将平板、钉钉自动生成的教师上传的资源、发送的微课、在线答疑学生的问题、课后学生自主学习的作业、学生提问及师生使用的指数等指标，发布在学校钉钉群里，接受全校教职工的监督。从师生使用指数上，哪位老师的"网课"最优、哪个班级学生"网课"学习的优劣非常醒目。有了这个监管，哪位老师也不会懈怠，哪个学生也不会放松自己的自主学习，各个合作学习小组便会你追我赶。

在此基础上，校长全宗旭又组织全体业务教干，不定期地进行线上巡课。

巡课时，我校通过线上平台，将全校42个班级的教师"网课"直播和学生居家在线学生的截图及其他数据，轮流切换到学校小会议室的大屏幕上。"网课"直播教师是否设置了问题启发，小组合作学习是否高效，师生的在线互动、交流是否从始至终，作业展示及拓展训练是否有创意，对学生的学习过程及效果的评价是否全面、合理进行一一点评、指导。有了业务教干的指导，"网课"直播教师和跟班教师会迅速改进，使其更加完美。

对这样的"合作、跟班、监管"的"网课"，教师、家长、学生的评价如何呢？

我校物理教学能手张淑琳说："这样的'网课'流程，学生仿佛就在眼前，我一下子就抓住了学生。"学生殷志莹的爸爸说："老师和同学就像在女儿身边一样，女儿这样'网课'学习，我根本不用陪伴。"学生高佳琪这样评价："这样的'网课'，我就像坐到了书声琅琅的教室里。"（此稿发于2020年4月10日"琅琊网"）

第六章　社团文化

早在 2018 年，我校就开发了 36 个社团，意在让学生"卓越"成长。为此，我们给这 36 个社团起了一个响亮的名字——卓越课程。

第一节　开展卓越课程　开启卓越人生

所谓卓越课程，就是实现新教育实验"让师生过一种幸福完整的教育生活"。新教育强调"教育生活"，第一层含义是"教育即生活"，而且是一种最重要的生活；另一层含义是"生活也是教育"，是一种很现实的广义的教育。新教育倡导的卓越课程，以让师生过一种幸福完整的教育生活为使命，以学生生命发展为根本。让师生在共同经历课程活动中，实现独特而完整的生命体验，让学生成为具有德行、审美、情感、智慧和能力的人，从而使师生生命更加丰盈。为了给学生提供更丰富而适性的课程，使学校课程结构更合理，学校特色更鲜明，结合学生的发展需要和学校课程资源，临沂新桥中学每周五的下午，分两个时段全面实施卓越课程。

课程的丰富，决定着生命的丰富；课程的卓越，决定着生命的卓越。为此，临沂新桥中学围绕多年以来形成的桥文化底蕴，将国家课程、地方课程和学校课程资源的开发进行梳理，经过前期教师申报、学校选择、学生个性选课，形成了智桥课程、慧桥课程、雅桥课程、美桥课程四大课程体系，共 36 门课程。

● 智桥课程：让智力尽情飞扬

智桥课程属于思维拓展式课程，是在理科课程基础上开发的课程。针对学生对理科知识的厌学特点，对理科学科产生抵触情绪的现状，培养孩子的科技创新能力，这样可以活跃他们的思维，丰富他们的学习生活，激发他们探索创新的欲望。

开设的卓越课程有：数学中的规律、趣味物理、一题多解、数学王子、提优补弱、趣味实验、地理探险、无人机、机器人、科技制作、创客世界、生物标本、魔方、棋类、金点子、数学社、物理社、化学社、生活小窍门、科普知识讲座等益智课程。

● 慧桥课程：让聪慧精彩绽放

慧桥课程是基于文学教育的课程，是在文科课程基础上开发的课程。

鉴于学校地处农村，英语、语文等文科阅读材料较少，接受知识少，为扩大学生知识信息量、丰富学生知识、开阔学生视野而开设。

开设的卓越课程有：国学、心之桥、文学社、阅读、话剧、写作、经典诵读、演讲与口才、诗词鉴赏、名作欣赏、名胜古迹游等课程。

● 雅桥课程：让艺术尽情翱翔

雅桥课程是基于艺术教育的课程。艺术教育有着令人赏心悦目、净化心灵、陶冶情操的神奇魅力，该课程可以让学生感受美、热爱美、创造美的天性得以发展和升华，使学生的艺术素养和人文素养得以融合，培养高雅气质，为学生的全面发展起到重要的作用。

开设的卓越课程有：乐器演奏、歌唱、书法、绘画、折纸、表演、茶艺、影视欣赏等课程。

● 美桥课程：让美德再次芳香

美桥课程是基于体育、传统文化、实践活动为主的课程，是体现了社会主义核心价值观的德育课程。根据课程开发方案，不仅让学生体质美，而且还要心灵美。

开设的课程主要有：

（1）体育类：武术会、乒乓球俱乐部、排球、篮球、足球、体操、跳绳、毽子等。

（2）传统、怡情文化类：方言研究、小发明、摄影、拼盘、盆景花卉等课程。

（3）实践活动：插花、餐厅小帮手、小老师、十字绣、爱心社、科普社、心理协会、志愿者服务队等课程。

丰富多彩的社团活动让紧张单调的校园生活变得轻松、美好、幸福、完整，这也正与临沂新桥中学"打造最美乡村中学，让每一个生命都精彩绽放"的办学理念完美契合。

不同的课程有不同的精彩，同样也演绎着不同的生命历程，但相同的是，都是为了追求过一种完整而幸福的教育人生。丰富多彩的社团活动，激发了学生潜能，彰显了学生个性，丰盈了学生的生命。借用李镇西先生的话："琳琅满目的课程、色彩斑斓的课程定会让新教育之花绚丽绽放。"临沂新桥中学的每一个学生在卓越课程中都找到了他独特的价值，每一个生命都在精彩绽放。

从2018年春季开始，至2019年6月底，我们的社团活动持续开展了近一年半，效果如何？2019年6月26日，我们在学校运动场开展了卓越课程成果展示活动。

下面的内容分别从不同角度对这一展示活动进行了描述。

第二节　卓越课程展风采　开放活动促成长

6月26日下午，临沂新桥中学举行了庆祝新中国成立70周年——我为祖国添光彩，卓越课程成果展示活动。

为了给学生提供更丰富而适性的课程，使学校课程结构更合理，学校特色更鲜明，围绕学校"打造最美乡村中学，让每一生命都精彩绽放"的办学理念和育人目标，结合学生的发展需要和学校课程资源，自新学期以来，临沂新桥中学每周三的下午全面实施卓越课程。

围绕学校多年以来的桥文化底蕴，临沂新桥中学将国家课程、地方课程和学校课程资源的开发进行梳理，初步形成了智桥课程、慧桥课程、雅桥课程、美桥课程四大课程体系。学期结束，也到了课程成果验收、总结阶段。本次展示活动主要分为学生静态作品展示和动态才艺表演。

参加本次展示的有36个各具特色的卓越课程团队，本次活动的评委由教干、教师代表组成。

活动现场，一个个奇思妙想在孩子们的思维下诞生，展示区里摆满了他们的创意作品。

整个展示过程中，36个课程展区根据自己的课程特点，以现场展示和成果展示的形式为评委团和前来观摩的观众们详细地呈现这一学期以来活动开展的情况和取得的成绩。

各展区的静态作品展示，有折纸、手工及各类绘画作品上百余件，一幅幅作品成了学校里一道道美丽的风景线。每一件作品都充满智慧，各具特色，令人叹为观止。

此次活动的开展，展示了我校卓越课程活动取得的丰硕成果，展现了全校师生良好的精神风貌。相信临沂新桥中学的孩子在这片不仅重视知识教育更重视学生全面发展的沃土上，一定会更加茁壮地成长。

第三节　媒体关注

我校丰富多彩的社团活动，引起了媒体的关注，《山东教育报》（中学生）版，连续两次刊发了我校社团活动的报道。

● 三十六个社团　三十六朵花
——临沂新桥中学社团活动让学生个性飞扬

"'社团'活动了！"每周三下午第二节课，下课的铃声一响，临沂新桥中学的校园里便会响起同学们的欢声笑语。未等第三节课的上课铃声响起，同学们就两眼放"光"地冲进了各自的社团活动室……

这样的场景，已重复了两年有余。

2200 余名学生，36 个社团，每周三下午第三、四节课，停止所有课程的教与学，全部开展社团活动。这样的大手笔，对于临沂市新桥中学来说，绝不是一时冲动做出的决策。

早在 2018 年春季，查看学生上课情况的校长见到一个女生正在课堂上偷偷地玩魔方。下课后，校长问她："说来听听，你为何这么痴迷魔方？"这个女生不假思索地脱口而出："我想同电视上的那个外国魔方高手过过招。"

这绝不是童言无忌，而是学生在个人爱好发展上的大胆追求和自信表达。

于是，顺应同学们的要求，学校里有一技之长的老师们纷纷开展社团活动，并将社团的招生海报张贴于学校综合楼一楼大厅。就这样，国旗班、编程、创客、3D 打印、机器人、小发明、摄影、国学、十字绣、趣味物理实验、志愿服务队、象棋等 36 个社团应运而生。2200 余名学生根据自身的特长和成长愿望申报了社团，参加自己喜爱的社团活动。

国旗班没有专门的指导教师，学校就从校外聘请专业人员来对学生进行培训。运动场上，国旗班的同学们战酷暑、踢正步、抬臂于"心"，纵使汗水湿透了衣服，大家也没有一个叫苦叫累的，神圣的使命感在同学们的心中激荡。经过几个星期的训练，同学们终于迎来了这个庄严的时刻。那个星期一早晨的升旗仪式，全校师生惊奇地发现，伴随着雄壮的中华人民共和国国歌声，国旗班的同学们身着标准的国旗班服装，喊着响亮的口号，大踏步地向主席台走来，他们的脸上写满了庄严和神圣，他们用自豪的英姿勾画出升旗仪式上最美的风景。

2019年9月底，已考取临沂市第一高级中学的原国旗班旗手闫佳乐同学专门回到母校，他勉励刚刚加入国旗班的七年级的同学们："当国旗升起的那一刻，我的眼睛是湿润的。相信学弟、学妹的感受同我是一样的。因为有你们，升旗仪式依然是我们学校里最美的风景。"

该校年轻的物理老师李英天生就爱琢磨。当学校倡议老师们招兵买马开展社团活动时，她立马联合物理老师翟纪春组建起趣味物理实验和小发明两个社团，招收了170余名学生。

刚开始，同学们对趣味物理实验充满了好奇，感觉从他们手中诞生的一个个奇妙有趣的物理现象是那么神奇和好玩。有了这个基础，李英和翟纪春两位老师就及时引导同学们利用所学的物理知识，大胆开展小发明活动。一个周三的下午，史一童和董明珠两名同学一起琢磨、捣鼓了两节课，竟然发明制作了一艘简易遥控"游艇"。当这艘简易遥控"游艇"缓慢地在水面上前行时，两位辅导老师被这两个女孩的发明潜质与创作能力深深震撼了。

年轻的信息技术老师姜自波有很强的事业心。她发挥自己的特长，组织100余名学生参加了她组建的编程社团活动。在她的精心辅导下，连续两年代表学校参加临沂市兰山区中小学"创意素养能力展"活动的90多名同学，竟全部获奖。

该校老教师赵永灵和曹广富酷爱象棋，他们成立了象棋社团并吸引了100余名学生参加社团活动。不到一个学期，学生张浩楠竟能在棋盘的楚河汉界和两位老师"厮杀"得难解难分。

像这样的故事还有许多许多……

三十六个社团，三十六朵花。同学们在丰富多彩的社团活动中，不但陶冶了情操，开阔了视野，还收获了成功，张扬了个性。

● 非遗传承 向美而行
——临沂新桥中学折纸、绘制京剧脸谱社团在传承中成长

"同学们,我们今天的非遗类折纸社团活动是这样安排的。请同学们先观察指导老师董玉平、陈晓、刘晓艳的作品样品,再以活动小组为单位,讨论需要哪些工具、材料以及方法、步骤,设计出折叠'风信子'的方案,取其最佳,然后各自为战,老师将对创新性的作品进行点评、表扬。好吗?""好!"台下叫好声一片。

这是近几日,兰山区临沂新桥中学折纸社团活动课指导老师杨晓欢的开场白。

实际上,这些社团活动,是该校"守正创新、攻坚化桥"的办学思想及"建最美乡村中学,育全面发展人才"的办学目标和"为每一位师生架起成长与发展的桥梁"的办学理念的生动体现。

细细揣摩学校的办学思想、办学目标和办学理念,对折纸、绘制京剧脸谱颇为痴迷的该校生物教师杨晓欢认为:折纸、绘制京剧脸谱是非遗文化的杰出代表。我们这些乡村中学的学生,由于受条件的限制,非常缺乏对非遗传统文化的认知。通过组织学生开展此类社团活动,定能让学生发扬光大我们中华民族的传统文化;特别是通过绘制京剧脸谱,定能让学生从中感受我们的国粹魅力。本着这一想法,她和董玉平、陈晓、刘晓艳几位志同道合者一起,细细商讨了组建这两个社团的事宜。

经过讨论,结合学校的办学目标和办学理念,四位指导老师确立了这两个社团"非遗传承,向美而行"的活动目标。于是,她们在学校的大力支持下,在学校综合楼一楼大厅张贴了折纸、绘制京剧脸谱的"招生"海报。她们万万没有想到,仅仅3天时间,竟有167名同学报名参加这两个社团的活动。

学校特意将每周周三下午3、4两节课开放,组织学生进行社团活动。如鱼得水,杨晓欢等四位指导老师便在学校美术公共教室里带领学生开启了"非遗传承,向美而行"之旅。她们周三下午第3节课开展折纸社团活动,下午第4节课开展绘制京剧脸谱社团活动。

一分耕耘,一分收获。去年年底,这四位指导老师挑选了王泽、王天宇、

杨新宇、续静、张弛、刘静、孙宇、孟宇等8名同学，参加了临沂市兰山区教体局联合兰山区科协、临沂大学信息科学与工程学院举办的"2019年兰山区中小学生创意素养能力展"大赛。她们颇有创意的折纸作品受到了大赛组委会领导和评委的赞许，王泽获得了甲级二等奖，王天宇获得了二等奖，其余6名同学都获得了三等奖。

对此，指导老师杨晓欢的感触很深："通过组织学生开展折纸、绘制京剧脸谱等非遗文化社团活动，能让学生感受非遗文化的底蕴，进而激发学生对中华传统文化的喜爱与传承之情；能让学生切身感受中华传统文化在我们'建最美乡村中学，育全面发展人才'办学目标的实现以及在我国社会发展中的作用，推动我们文化强校、文化强国的步伐，促使学生向美而行。"

学生续静说："折纸活动课上，同学之间相互切磋、合作探究。这样的社团活动，我们是真正的课堂主人。它培养了我的耐性和创新力。"

初三学生史一童参加了绘制京剧脸谱社团活动。半年下来，她高兴地说："通过绘制京剧脸谱，它让我对京剧脸谱艺术有了更深的了解，培养了我的京剧脸谱艺术。当然，我还有个小秘密要告诉同学们：我发现京剧脸谱蕴含着数学对称的知识，我得好好琢磨琢磨，数学中是否也蕴含着京剧脸谱知识呢？"

第七章 政务文化

第一节 平安校园建设消息集萃

生命弥足珍贵，安全重于泰山。学校紧紧绷紧安全这根弦，增强"安全第一，预防为主"的意识，把安全工作作为学校第一要事来抓，做到警钟长鸣。大力加强安全教育，不断举行安全讲座，对学生进行预防传染病安全、交通安全、食品安全、消防安全、紧急情况下的疏散安全、受到不法侵害时的安全保护、防溺水安全等教育，切实提高了每一个学生的安全意识和自护能力。同时学校定期对学校安全隐患进行排查，确保校园平安。

请看我校的一组消息集萃。

● 临沂新桥中学举行防溺水主题班会活动

随着炎炎夏日临近，为增强学生防溺水意识，掌握防溺水知识技能，提高应急脱险能力，保证学生生命安全，自2020年5月23日起每个周六放学时，临沂新桥中学都会召开"珍爱生命，预防溺水"主题班会。

班会课上，各班班主任以一个个沉重的事例、一组组惊心的数据引起学生对防溺水的重视，告诉学生生命是来之不易的，需要好好珍惜。针对溺水事故的特性和发生的客观原因，班主任要求同学们要严格遵守"六不"和"一会"，以此预防溺水事故的发生，并向同学们传授基本的防溺水技能，提高学生遇险时的自救能力。

同时以"致家长的一封信"的形式教育学生家长们学习防溺水的安全知识，提醒家长们强化对学生的管理和监督，防止溺水悲剧事件的发生。

会后，同学们以手抄报的形式来加深对防溺水知识和溺水自救、急救等方法的掌握。

综治办主任杨远名发出呼吁，希望家长、学校及社会重视防溺水工作，共筑保护孩子生命安全的长城。

通过常态化的主题班会教育，增强了学生对防溺水事故的安全意识，了解和掌握了基本的防溺水常识和技能，进一步提高了自护、自救能力。

珍爱生命，远离溺水！

● 临沂新桥中学举行防震安全主题班会活动

2020年6月15日，为了提高学生应对地震灾害的应急反应能力，使学生了解地震发生的有关知识，掌握应急避震的方法，提高学生紧急避险和自我保护能力，临沂新桥中学开展了防地震安全教育主题班会活动。

各班紧紧围绕防震安全主题，让同学们了解、掌握了一些有关地震、防震的知识，进一步增强了防震减灾意识，提高了防震减灾技能，初步掌握了减轻地震灾害和地震影响的有效途径。

各班班主任老师为同学们详细说明了地震成因、类型、分布及传播方式。老师们还针对地震发生时同学们该如何自救与施救进行了精彩的讲解，列举了在地震发生时不同的地点如何进行有效避震，分享了如何选择最佳避震场地等常识。

这次防地震安全教育班会活动提高了学生在地震来临情况下的安全自救意识，学生们了解了基本的安全避险知识，有效提高了对地震及防震减灾工作重要性的认识，为配合防震减灾疏散应急演练活动提供了保障。

● 健康生活始于点滴 食品安全从我做起
——临沂新桥中学举行食品安全教育活动

近年来，我国食品加工业获得空前发展，各种新式食品层出不穷，食品安全问题也随之日益增多。食品安全关乎学生生长发育和身体健康，对学生身心发展有重要影响。为进一步提高学生食品安全意识及自我防护能力，保护学生的身体健康，10月31日，临沂新桥中学深入开展食品安全宣传教育活动，大力宣传食品安全、科学饮食等知识，确保学生饮食安全。

活动中，学校分别对七、八、九三个年级进行安全教育。总务主任石少友用通俗易懂的语言向学生们讲解了食品安全应注意的事项，以及如何通过看包装、生产日期等方式鉴别食品是否安全等问题。

"听了老师的讲解，我们知道了食品安全的重要性，以后不会去买那些没有生产地址、没有生产日期的小食品了。"学生们纷纷表示，他们通过参加学校的食品安全教育活动，增长了不少食品安全方面的知识。

同时，学校还向学生发放了相关的宣传资料，摆放了展板，以图文并茂的方式向学生宣传食品安全知识。

食品安全教育是学校教育中一项重要的工作，也是需要长期坚持执行的一项工作。校长全宗旭表示，今后会定期开展食品安全教育和食品安全大检查，总务处、综治办、食堂等各部门要实行联动，携手为学生的食品安全"保驾护航"。

食品关乎生命，责任重于泰山。此次食品安全教育活动，使学生们深刻认识到了食品安全的重要性，反思自身日常饮食习惯，树立健康饮食观念，确保自身安全健康成长。

● 市交警直属三大队走进临沂新桥中学开展交通安全宣传活动

为了提升师生交通安全意识，提高自我保护能力，预防交通事故的发生，2020年11月8日，临沂市交警直属三大队走进临沂新桥中学，开展工程车盲区体验交通安全教育活动，为2000余名师生送上一堂生动、富有意义的道路交通安全课。

市交警直属三大队宣传科科长汪兆华、交警直属三大队方城中队队长王后刚以及临沂新桥中学班子成员和全体师生参加了此次宣传教育活动。

汪兆华科长向在场师生讲授了工程车视野盲区的范围、如何远离大货车、如何规避大货车盲区等交通安全知识。

之后，同学们在民警的指挥下，在工程车的左右侧盲区以及前后方盲区进行体验。

部分同学还被邀请进入驾驶室，亲身体验工程车驾驶员的驾驶视线。他们体验到，在外面看来很宽阔的位置对于驾驶员来说存在着很大的视野盲区，坐在车内的驾驶人员完全看不到盲区内的路人。

最后，汪科长提醒师生、家长千万不要靠近大货车行走或骑车，在货车转弯时不要和货车抢道，尽量远离大型货车。

通过体验，同学们明白了大型货车的盲区有多大，他们纷纷表示，以后上放学期间，从自身安全考虑，一定要远离大货车。

本次体验活动，通过最直观的教育形式，提升了广大师生的交通安全意识，提高了自我保护能力，特别是让广大师生近距离感受大型车辆的行驶轨迹和存在的盲区，认识到在出行时遇到大货车、水泥罐车等大型车辆，要尽量远离，以预防交通事故的发生。

● 临沂新桥中学举行地震疏散演练活动

为了增强全体师生的自我保护意识，提高面对突发事件的应变能力，保障师生生命安全，打造平安校园，2020年11月2日上午，临沂新桥中学举行了地震疏散演练活动。

当广播中响起地震警报时，全体教师严格按照突发地震应急预案，进入各自岗位安排学生紧急疏散。各班学生在老师指挥下按照指定的安全出口有序地离开教室，紧急撤离到安全地带。在此次地震疏散演练活动中，3000余名学生和老师全部安全、迅速地到达集合地点，演练收到了预期效果。

在演练活动中，全校老师组织到位、保障有力，全体同学都做到了态度端正、积极配合、服从命令、听从指挥,他们按照预定疏散路线,紧急而有序地从教室撤离到安全地带,整个过程做到了井然有序。

演练结束后,综治办主任杨远名对此次演练情况作了总结。他指出,今天的这场疏散演练给我们学校的安全教育上了生动的一课,各班级要认真总结经验教训,着手建立长效机制,完善责任制度。他还就交通安全、防火安全、上下楼安全等方面提出了要求,同时要求广大师生树立起超强的安全意识,进一步把学校的安全工作做好做实。

演练前,学校安全办结合学校实际,认真细致地制定了演练活动方案,并召开全体班主任会议,明确职责要求。

临沂新桥中学历来高度重视学生安全工作,每学期都要组织形式多样的安全教育活动。通过这次演练,使全体师生熟练掌握了在地震、火灾等情况下应急避险的正确方法。本次演练活动不仅使全校师生拥有了在教学楼应急疏散避险的实战经验,还提高了他们应急避险逃生自救的能力,对做好应急避险工作、减少突发事件中不必要的损失具有很大的作用。

临沂新桥中学定期组织学生进行应急疏散演练,使学生熟悉逃生路线,筑造师生安全"防火墙",为建立安全发展、和谐发展的校园打下了坚实基础。

● 临沂新桥中学举行教师法制教育培训会

为增强教师法治观念,提高校园安全法律风险防范能力,2020年11月13日下午,临沂新桥中学召开全体教师法制教育暨学生行为安全预警系统培训会,临沂市重大行政决策社会风险评估专家、北京市盈科(临沂)律师事务所红领书记、公职律师苗润华作《学校安全责任风险与法律应对》专题讲座。

培训会上,苗律师以丰富的案例、翔实的大数据、生动的讲解阐述了校园安全形势、校园安全风控节点、教师依法执教和教师行为保护等内容。用几个常见的校园安全案例进行校园法律风险行为及责任分析,给全校教师提供预防和应对建议,极大地提高了教师们的法律意识和安全意识。整场讲座内容翔实,案例实用,发人深省。

副校长李玉峰作培训总结,他希望全体教师要进一步增强法律意识,强化责任担当，共同做好校园安全工作。

通过培训，教师们进一步了解了相关的法律知识，提升了校园安全意识和依法执教意识，明确了教师的教育教学行为要在法律法规所允许的范围内进行。要善于利用法律手段来维护自身的合法权益，规范教师行为的同时加强对自身的保护。此次培训，使全体教职员工对筑好校园安全责任岗有了更深刻的体会，必将促进学校进一步提升依法治教、依法治校的能力。

● 临沂新桥中学开展"宪法宣传周"系列主题教育活动

2020年12月4日是第七个国家宪法日，11月30日—12月6日是全国第三个"宪法宣传周"。为深入学习宣传习近平法治思想，贯彻落实党的十九大和十九届五中全会精神，进一步增强广大师生的宪法意识，弘扬宪法精神，加强宪法实施，临沂新桥中学自11月30日开展了"宪法宣传周"系列主题教育活动。

首先是利用周一升旗仪式中的国旗下讲话开展"宪法宣传"教育启动仪式，号召全体师生积极践行宪法精神，维护宪法权威，从自己做起，争做遵纪守法的好公民。其次是大力宣传宪法知识，利用校园电子显示屏、宣传栏等开展行之有效的宣传活动，积极营造宪法教育的浓厚氛围。

各班班主任利用班会时间召开"深入学习习近平法治思想，大力弘扬宪法精神"主题班会，组织收看法治教育视频，观看法治教育PPT等，通过生动的法治案例引导学生认识知法、守法的重要性，提高青少年的法治意识。

学校还组织全体学生积极参加第五届全国学生"学宪法 讲宪法"网上学习、"宪法小卫士"和法治在线答题活动，确保主题教育活动广参与、全覆盖、见实效。

在随后的几天里，学校宪法晨读、专题板报、手抄报等活动依次进行，多渠道弘扬宪法精神，并及时总结经验，巩固活动成果，加快形成体现宪法精神的育人环境。

"宪法宣传周"系列活动的开展，使广大师生对宪法有了进一步的认识。同学们纷纷表示要增强宪法自觉，弘扬宪法精神，从小培养法律意识，学习法律知识，从自己做起，从身边小事做起，自觉做到知法、懂法、守法、护法，为推进我国依法治国方略和我校依法治校做出自己应有的贡献。

宪法是国家的根本法，是治国安邦的总章程，是保持国家统一、民族团结、经济发展、社会进步和长治久安的法律基础。"宪法宣传周"系列主题教育活动的开展，让遵守宪法、维护宪法权威的种子播种在广大师生心中，师生们将继续深入学习习近平法治思想，大力弘扬宪法精神，努力成为学法、知法、守法的社会主义好公民。

● 预防校园欺凌 建设平安校园
——兰山公安分局"法治纽扣"行动走进临沂新桥中学

为创建安全、文明的校园环境，推进青少年学生学法、用法工作的深入开展，2019年5月22日下午，兰山公安"法制纽扣"行动法制安全报告团成员走进临沂新桥中学，为广大师生上了一堂精彩的法制安全教育课。

出席报告会的有临沂市公安局兰山分局食药环侦大队副大队长韩波，刑警大队反恐中队警官赵帅龙，沂州路派出所警官张广玉，新桥派出所所长石登超。

报告会前，我校特聘请新桥派出所所长石登超同志为法制校长，沂州路派出所警官张广玉同志为法制辅导员。

沂州路派出所警官、我校法制辅导员张广玉作报告。张警官运用通俗易懂的语言、图文并茂的画面，结合真实、生动的案例，让学生明白什么是违法、什么是犯罪，从校园欺凌、感恩教育等方面对学生进行了安全法制教育。

新桥派出所所长、我校法制校长石登超，结合多年的工作经验，利用相关的理论知识，从学生的理解能力出发，分别从在校生如何增强自我防护安全意识，面对校园暴力侵害事件如何减轻危害程度以及在恶性犯罪事件中如何用法律武器保护自己的合法权益等方面提出了一些方法和策略，极具针对性和实用性。

整个报告会精彩生动，道理深入浅出，现场的同学认真听讲，在幼小的心灵里种下了法制的种子。

长期以来，临沂新桥中学一直重视对学生的法制安全教育，将法制安全教育融入到平时的教学工作当中，每学期都邀请兰山法治进校园宣讲团来校作报告，让学生们树立法律意识，提高自我保护的能力，健康快乐地成长。

最后，副校长杨洪祥强调，希望全体学生遵章守纪，尊重生命，学会感恩，增强防范意识，预防和减少校园欺凌。

本次的兰山公安分局"法治纽扣"行动走进新桥中学，使新桥中学的学生们受到了一次深刻的法制教育，他们了解了更多的法律常识，增强了法律意识，提高了自我保护能力。这次法治进校园活动必将对我校的安全校园建设起到非常好的促进作用。

第二节　家校合作共育

为了实现学校教育与家庭教育的完美结合，使家校真正形成强大的教育合力，促进学生全面健康发展，临沂新桥中学成立了家长学校、家长委员会，定期召开家长会，确定家长开放日，开展家长进课堂活动，每年寒暑假对学生进行家访，有力推动了我校教育教学事业的发展。

请看一组我校家校合作共育的案例。

● 关注食品安全　共建平安校园
——临沂新桥中学举行"食堂家长开放日"活动

为进一步加强学校食堂食品安全监管工作，不断提升学校食品安全意识，2020年11月19日—20日上午，临沂新桥中学分级部开展了食堂家长开放日活动。

首先在二楼会议室举行了食堂开放日座谈会。校长全宗旭代表学校对家长们的到来表示衷心的感谢和热烈的欢迎，并就学校发展、学生管理和食堂管理等有关事宜与各位家长进行了座谈交流。

家长代表们对这次活动表现出了极大的热情，并希望经常开展一些形式多样的开放活动，让家校一起携手努力，共同促进孩子健康成长。

随后，总务处主任石少友带领家长们来到学校厨房，实地考察热灶区、蒸饭区、备餐区、消洗区、库房等场所，零距离观看学生饭菜制作环境及过程。

家长们就食品原材料的储存、餐具清洗消毒、就餐环境、饭菜花样、饭菜价格等关心的问题进行了考察和交流，大家对学校食堂整洁的内部环境、规范的管理流程等感到非常满意。

家长们对我校"智慧食堂"的"刷脸吃饭"颇感兴趣，并亲自体验了"刷脸"取餐的过程。

12时10分许，家长们在餐厅与学生共进午餐，并对食堂根据营养搭配、男女生饭量等进行的价位上的合理搭配给予了高度评价。

最后，家长们填写了食堂开放日反馈表，为学校的建设和发展提出了宝贵的意见和建议。

一直以来，临沂新桥中学都非常重视学生食品卫生安全工作。"食堂开放日"让学生家长更真切地了解了学校食堂食品安全状况，对进一步提升我校学生饮食安全和餐饮管理水平起到了很好的促进作用，达到了家校共商、共筑食堂食品安全的目的。

● 家校共育，齐助成长
——临沂新桥中学举行家校联谊会

为扎实开展"不忘初心，牢记使命"主题教育活动，贯彻落实市教育局下发的"十万教师百万家庭连心育人"的工作要求，同时也为了更新家长的教育观念，帮助其树立科学的家庭教育意识，进一步加强学校、老师、家长之间的交流互动，形成教育合力，更好地促进学生成长，2019年10月18日下午，临沂新桥中学在全校范围内开展了一次家校联谊活动。

本次家长会指导思想明确，就是要整合利用各种资源，统筹协调各方力量，实现全员育人、全面育人，不断提高立德树人水平，不断提高教育教学质量，为实现"十万教师百万家庭连心育人"工作目标做积极筹备。

本次联谊会由每个班级独立进行，针对性更强。各班主任根据本班学生数量、学生特长、家庭情况、学生性格和任课教师等具体情况，给每一位学生安排了具体指导教师，班主任把导师和所联系学生的名单向家长们做了汇报。

班主任刘夫如老师提前一周就已经准备好了精美的PPT，将家长最关心的学生在校学习表现、吃饭住宿、学生心理变化等问题分类整理，清晰全面，得到了家长的一致好评。

班主任发放并回收了《临沂市中小学"教育、管理、质量、满意"工作征求意见表》，在会上征求了家长意见，了解了学生家长对我校教育工作的要求和预期，为争创一流名校献策献力。

张仁锴老师在联谊会结束时语重心长地对家长们说："家长与老师并肩站在一起，不是一加一等于二，而是一横一竖合在一起，给孩子十倍的力量，帮他去成长。"他还鼓励学生说："知识改变命运，态度决定一切，刻苦完成学业，奋斗成就人生。"

会后，九年级的闵凡玲老师被家长们热情围住，多位家长详细询问了孩子的在校学习情况，汇报了孩子在家的表现，同时对老师们的辛苦工作表示感谢，希望孩子在老师的关怀教育下再接再厉，成绩更上一层楼。闵老师与家长们亲切攀谈，针对孩子们的健康成长分别给出了不同建议。

苏联著名教育家苏霍姆林斯基曾说："只有学校教育而没有家庭教育，或只有家庭教育而无学校教育，都不能完成培养人这一极其艰巨而复杂的任务。"教师和家长增强合作共建的意识，才能使教育的途径得以通畅，教育才能更有成效。本次家长会搭建了家校教育交流沟通平台，家长走进学校，了解学校的办学情况及孩子的在校表现，学校也收获了家长的反馈和建议，为今后教育教学工作更好地开展提供了有利条件。相信在未来的学习中，每一名新桥学子定能在家校携手、并肩共育的支持下书海斩浪，扬帆远航。

● 家校携手搭建教育"心桥"
——临沂新桥中学开展集中大家访活动

为深入开展"办学规范大落实、突出问题大整改、教师全员大家访"主题教育活动，落实兰山区教体局《全区教育系统深入开展办学规范大落实突出问题大整改教师全员大家访行动实施方案》，进一步促进家校沟通，充分、深入、真实地了解家长对学校各项工作的意见和建议，近日，临沂新桥中学组织全体教干、教师开展大家访活动。本次家访的对象为全体在校学生及其家庭共 2179 户，参与家访的人员为全体教干教师共 148 人。为顺利开展家访活动，学校召开领导班子会和全体教师会，研究部署工作，制定了详细的活动方案，发放了家访情况反馈记录表。

连心架桥　增进了解

家访过程中，教师们深入了解学生的家庭基本情况、学生在家的日常表现、家长对孩子的希望与期盼等，同时将学生在校期间的思想品德、学习态度、学习成效、行为习惯以及生活等方面的情况向家长反馈，双向沟通家校在教育过程中采用的方法、形式以及经验总结，与家长共商促进学生成长的个性化教育措施和方法。

遇水迭桥　正面宣传

教师们积极向家长宣传党的教育方针、有关教育法律法规和学校规章制度，宣传正确的教育思想，引导家长积极参与和支持学校教育教学改革，形成学校、家庭、社会"共建、共管、共育"教育模式；宣传我区教育改革发展的情况，介绍我校的办学理念、办学特色，教育教学工作取得的成绩和班级管理工作的举措，进一步争取家长的理解和支持。

进履圮桥　听取建议

教师们虚心征求家长对学校教育教学工作的意见和建议，认真做好记录，对学生家长提出的诉求帮扶处理到位，自己不能答复处理的逐级上报到位，确实不能解决的解释反馈到位，对学生家长提出的合理化意见、建议落实整改到位，进一步提高社会、家长和学生对学校教育的满意度。

攻坚化桥　重点关怀

在开展普遍家访的基础上，教师们还重点关注了这几类家庭：一是单亲家庭；二是学习困难学生家庭；三是心理障碍学生家庭；四是贫困家庭。教师与家长进行零距离沟通，对于生活困难的学生，学习困难的学生，留守儿童，残疾儿童，思想、学业上有异常情况的学生，加强心理辅导，有针对性地采取帮扶、辅导和其他助学措施，消除其心理距离，帮助他们克服困难，鼓励他们积极上进、健康成长。

家访结束后，学校对家访信息进行了细化整理，建立台账，以便在今后的教育教学工作中根据学生的个性化差异进行有针对性的指导。

学生的成长和发展是教师、家庭、社会相互作用的结果，家访是沟通家庭教育和学校教育的重要桥梁，是教师了解一个学生家庭情况和成长环境的最好途径，是把握学生个性特征和学习动态的主要渠道。通过本次大家访活动，老师与家长在互相交流、沟通的基础上，缩短了距离，加深了感情，真正实现家庭教育与学校教育相结合，使教育变得生动而有希望。

● 攻坚化桥家校携手育人，守正创新开启美好未来
——临沂新桥中学举行家校共育交流活动

为促进学校教育与家庭教育的协调发展，充分展示学校新育人、新管理的良好校风校貌，使广大家长更全面地了解自己的孩子，了解学校，同时也为了更新家长的教育观念，帮助其树立科学的家庭教育意识，进一步加强学校、老师、家长之间的交流互动，形成教育合力，更好地促进学生成长，2020年11月16日、17日两晚，临沂新桥中学在全校范围内开展了一次家校共育交流活动。

家长会上，政务处主任王成东就学校教育教学管理的新举措、新成绩作了细致的阐述，向家长们展示了学校素质教育成果，并向家长们提出了一些教育孩子的建议。他希望家长们加强与学校的沟通，加强与子女的沟通，为共同教育好孩子而努力。

接着，各班主任主持本班级家长会，向家长们全方位地介绍了孩子在学校的学习和生活情况，特别对近期成绩有突出进步的学生进行了表扬，同时也就家长应如何更好地配合学校做好孩子们的教育工作作了深入的交流。

班主任孙磊老师提前准备好了实用的PPT，将家长最关心的学生成绩分析、在校表现、学生心理变化等问题分类整理，清晰全面，得到了家长的一致好评。

会后，张美玲老师被家长们热情围住，多位家长详细询问了孩子的各科成绩，向张老师汇报了孩子在家的表现，同时对老师们的辛苦工作表示感谢，希望孩子在老师的关怀教育下再接再厉，成绩更上一层楼。张老师与家长们亲切攀谈，针对不同学生的成绩与性格给出了不同的教育建议。

通过交流，家长们获得了许多具有参照性、可操作性的家庭教育方法，对如何尊重和关爱孩子、培养孩子的好习惯达成共识、受到启发。会后，许多家长都表示，为了孩子的进步与发展，对孩子的教育将更理性，更注重方法，加强与教师和学校的沟通，密切配合学校的教育举措，共同促进孩子的成长。

此次家长会的成功召开，进一步深化了家长与学校的相互了解，营造了良好的家校共育氛围，为今后教育教学工作的开展起到了积极的推动作用。

● "慧"爱才是真爱
——临沂新桥中学开展家庭教育公益讲座

家庭是孩子成长的第一环境和第一所学校，家长是孩子的第一位老师和终身老师，良好的家庭教育对孩子的成长有着至关重要的意义。为了提高家长的家庭教育素质，宣传普及先进的家庭教育理念，2020年7月20日上午，一场主题为"'慧'爱才是真爱"的家庭教育公益讲座在临沂新桥中学六楼报告厅隆重举行。民进山东省委家庭教育促进工作委员会副主任、大智教育集团家庭教育研究院院长、全国知名家庭教育家张继良为全校1200余名家长作了报告。

张院长声情并茂地给家长们传授教育方法和教育心得，提出家长要有效地倾听子女的心声，良好沟通，学会换位思考，将心比心，才能搭建心灵相通的桥梁；并鼓励家长们正视家庭教育中存在的误区，端正家长对子女的教育态度，学习与孩子沟通的有效方法。

针对孩子们日常生活中厌学、青春期叛逆、不与父母沟通等问题，张院长通过案例分析的形式与家长们一起共同分享和探讨教育孩子的经验方法，精彩的报告引起了在场家长的情感共鸣，讲座现场不停响起热烈的掌声。

活动中，张院长针对家庭教育问题进行了深入浅出的分析，并通过生活事例、互动游戏等方式，引导家长们重视家风家教，以积极的心态去面对孩子成长过程中遇到的各类问题，进一步提高各位家长的家庭教育水平。

许多家长也就自己在教育孩子过程中遇到的问题向张院长寻求答案，张院长均在现场耐心细致地作了解答。家长们表示以后会努力为孩子创造一个良好的家庭氛围，多陪伴孩子，多和孩子交流，构建幸福和谐的家庭。

参加讲座的家长们都表示说，在疫情期间，家长都不会和孩子相处了。这个报告会让他们学会了有效倾听、换位思考等方式，让他们进一步认识到了家庭教育在推进素质教育中的重要作用。他们纷纷表示以后会好好配合学校和老师教育好自己的孩子。

通过开展家庭教育公益讲座，帮助家长们改变了教育观念，掌握了家庭教育的知识和方法，有效提高了教育能力和水平，同时也提高了家长自身的素质，对营造和谐社会、建设幸福家庭起到了积极的推动作用。

第三节　文明校园创建

创建"文明校园"是学校工作的重要组成部分，为此，我校开展了一系列文明校园创建活动。

● 临沂新桥中学开展文明宿舍评选活动

为增强学生的文明素养，持续不断地对学生进行文明教育，发挥学生公寓的文明育人作用，营造文明、安全、温馨、清洁、优美的生活环境，近日，兰山区临沂新桥中学党支部组织学校政务处、团委、学生会开展了"文明宿舍"评选活动。

学校根据《评选细则》，按照评选办法及比例、时间安排进行了公正、公平的评选，并进行了统一表彰。

"文明宿舍"评选是校园文化建设的重要组成部分，是对学生进行思想教育的有效途径。我校这一活动的开展，有效激发了全校学生创建"文明宿舍"的意识。

● 临沂新桥中学开展"文明与我同行，共建文明宿舍"活动

为深入贯彻全市创城工作会议精神，临沂市兰山区新桥中学持续开展了"文明与我同行，共建文明宿舍"活动，引导学生自主、自律，说文明话、行文明事、做文明生，促使同学们认识、了解并积极参与文明建设活动。

首先，我校在每间学生宿舍张贴了《文明宿舍规范》喷绘，在各班主任的组织下，各宿舍舍长带领本宿舍同学认真学习，以此提高同学们的文明意识。在此基础上，我校值班校长、督导室还组织值班教干、班主任对男、女生公寓进行文明督查，教育学生"请勿喧哗""垃圾入桶""节水节电""按时入睡""规律作息"，将文明的一举一动、一言一行自觉落实到行动中。与此同时，男、女生公寓管理员每晚都会对男、女生公寓内乱扔垃圾、大声喧哗等不文明行为进行检查，并予以通报整改，以此教育学生积极维护公共场所的良好环境。

● 临沂新桥中学开展"创建文明校园"系列活动

为增强全校师生的文明素质，推动全校师生文明意识和文明行为的养成，连日来，临沂新桥中学持续开展了"创建文明校园"系列活动。

营造创建文明校园的活动氛围。我校通过国旗下讲话、文明主题班会、黑板报、校报、校刊、宣传栏、电子屏幕等多种形式，引导全校师生"文明从一言一行开始，和谐从一举一动做起"。

持续开展"清洁美化校园"活动。我校将卫生区分配至全校54个班级中。各班级值日生一天三次打扫卫生，学校督导室、政务处、学生会进行检查量

化考核。在校园内各"景点"处摆放千头菊等,以此来美化校园,使整个校园焕然一新,充满了文明气息。

让"桥文化"走进校园。在学校"景观墙"等处,"装饰"体现"桥文化"元素的喷绘;制作"身边的十大榜样"等喷绘,摆放于学校"醒目处";学校楼宇、道路、门牌进行体现"桥文化"内涵的命名,以此来激励全校师生"守正创新、攻坚化桥",说文明话,做文明人。

● 临沂新桥中学积极开展"创文明校园 志愿者在行动"活动

为了倡导校园精神文明建设,给同学们营造一个良好的读书环境,使学生能在一个文明、和谐、洁净的校园中学习,2020年9月28日上午,临沂新桥中学积极开展"创文明校园 志愿者在行动"活动。

志愿者们手持扫帚、水桶、铲刀等工具对校园路面、绿化带的烟头、白色垃圾、口香糖等一一进行清除。

同学们干劲十足,用双手捡拾起一堆堆垃圾,让校园保持清洁面貌。

志愿者们用自己的实际行动带动感染着过路的同学,同学们纷纷加入清扫队伍。

活动过程中,校园的每一个角落,处处都是志愿者们忙碌的身影,全体志愿者人人动手,充分发扬了不怕苦、不怕脏的雷锋精神。

通过这次活动,不仅营造了一个干净、整洁、舒适的环境,也使志愿者们充分体会到"奉献、友爱、互助、进步"的青年志愿者精神,同时也带动和激发了同学们文明知礼、构建文明校园、倡导文明新风的热情。

● 临沂新桥中学开展"守文明礼仪,做文明中学生"手抄报比赛活动

为了培养学生"守文明礼仪,做文明中学生"的意识,近日,临沂新桥中学在全校52个班级中发动学生开展了"守文明礼仪,做文明中学生"为主题的手抄报比赛活动。

各个班级的学生在班主任老师的指导下，利用学校图书室、微机室等资源，广泛收集资料，并"聘请"美术老师做"业务"指导，精心设计手抄报版面，创作出了一幅幅内容丰富、形式多样的手抄报。各班级在初评的基础上，精心选了10幅作品参加学校终评。学校组织了部分教干和美术教师进行了公正、公平的终评，最终评出了一等奖19人，二等奖28人，三等奖36人，优秀奖437人。学生们的作品构思独特，内容丰富，他们通过精心的设计、绘制，体验到了活动带来的快乐与收获。

通过本次手抄报比赛活动的开展，让学生领悟到了"守文明礼仪，做文明中学生"的重要意义。大家纷纷表示，一定要以此为契机，守文明礼仪，做文明中学生，为创城贡献力量。

● 新桥中学创城在行动 党员教师"打头阵"

为深入贯彻落实全市创城工作推进会议精神，增强党员教师的先锋模范带头作用，近日，兰山区临沂新桥中学党员教师在学校党支部的组织下，开展了创城志愿服务活动。

活动现场，大家分工协作。有的站在凳子上擦拭门窗的灰尘；有的拿着笤帚清扫道路上的垃圾；有的挥着铁锹清除路旁的杂草；有的提着垃圾桶清理路面上的渣土。老党员教师不怕脏、不怕累，弯腰捡垃圾、拔杂草，汗水湿透了衣衫，也不下"火线"；青年党员教师以老党员教师为榜样，脏活、累活抢着干。党员教师志愿者们的服务行动，赢得了全校师生的点赞。

临沂新桥中学党员教师用"创城打头阵"的实际行动深深地影响了全校师生，提高了全校师生的文明意识，全校师生纷纷表示，一定要为创城贡献自己全部的光和热。

● 临沂新桥中学营造创城氛围 促学校和谐发展

为深入贯彻落实全市创城工作推进会议精神，推动创城突出问题集中整治工作深入开展，营造浓厚热烈的创城氛围，再掀创城新热潮，近日，临沂新桥中学积极参与创城活动,全校形成了创建文明城市的浓厚氛围。

我校首先通过每周一举行的升旗仪式,倡议全校师生投身到"为文明添彩 为创城助力"的文明创建中,以此来切实提高全校师生对创城工作的认同感、知晓率和参与率。其次,我校还通过宣传栏、过街帘、电子显示屏、标语,向全校师生宣传创建文明城市的意义。再者,我校通过学校公众号、校刊、校报以及新闻媒体,开动宣传机器,引导全校师生创建文明校园,争做文明师生。

● 新桥中学举行"红色故事会"主题活动

"今天,我给同学们讲一个李大钊爷爷的故事……"

"我给同学们讲一个江姐的故事……"

2020年6月22日下午第四节课,是兰山区临沂新桥中学42个教学班全部开讲"红色故事会"活动的时间,于是,同学们走上讲台,饱含深情地讲起了一位位优秀共产党员的动人故事。

为教育引领全校青少年坚定理想信念,继承和发扬党的光荣传统和优良作风,积极争做践行社会主义核心价值观的一代新人,临沂新桥中学党支部引领学校团委,发起并组织举行了"红色故事会"主题班会活动。

此类主题班会活动,自开学以来,我校已进行了数次,其目的就是通过红色文化引领青少年健康成长,增强学生爱国情感,激发学生"继承革命传统、以优秀党员为榜样、立志成人成才"的高昂斗志。

● 临沂新桥中学开展"节约粮食,反对浪费"主题教育活动

为营造"节约粮食,反对浪费"的良好风尚,近日,临沂新桥中学多措并举,积极开展"节约粮食,反对浪费"系列主题教育活动。

在党支部、校长室、团委的组织策划下,全校54个班级的班主任老师,分别在各自的班级举办了"节约粮食,反对浪费"主题教育讲座,教育学生文明用餐、节约用餐。在此基础上,我校还通过手抄报、墙报、黑板报、宣

青山着意化为桥

传栏等形式进行宣传发动，强化学生的节约意识，引导学生养成节约粮食的好行为、好习惯，自觉践行"光盘行动"。与此同时，我校还积极开展了"小手拉大手"主题教育活动，让学生引导、说服家长从点滴做起、从自身做起、从小处做起，人人争当"节约粮食。反对浪费"的践行者、宣传员、发动员、监督员。

通过系列活动，"节约光荣，浪费可耻"的理念已深深扎根于学生的心田。

● 临沂新桥中学举行"同心防疫"志愿服务活动

近日，兰山区临沂新桥中学组织部分团员志愿者开展了"同心防疫"志愿服务。

志愿者们来到集市上，耐心地向"赶年集"的群众宣传疫情防抗常态化的必要性及重要性，并向群众发放了"防疫知识"明白纸。宋青杰同学遇见年轻人，告诉他们要减少聚会，在家健康生活；裴成蕾等同学告诉一些摊主要注意戴好口罩，时常消毒，保护自身安全。

此次志愿服务活动，增强了群众自我防护的意识，群众对此交口称赞。

● 新桥中学开展"保护母亲河"志愿服务活动

为积极营造绿水青山的良好生态环境，让中学生树立起牢固的环保意识和社会服务精神，近日，临沂新桥中学近20名学生志愿者，在学校团委的组织、保护下，利用休息和课外活动、社会实践活动的时间，来到方城镇境内的朱龙河畔，开展了"保护母亲河"志愿服务活动。

朱龙河是贯穿方城镇境内西南—东北走向的一条河。由于居住在河畔的村民及过往行人环保意识薄弱，时不时地把纸屑、杂物等垃圾丢弃于河内或河畔，造成了污染。对此，临沂新桥中学于近日组织了部分志愿者来到河边，捡起河畔枯死的杂草、树叶、树皮、塑料袋、牛奶盒子等杂物，并用小推车把这些垃圾运送到朱龙河畔附近的垃圾箱内。志愿者们有的脸上被晒得红扑扑的，有的额头上布满了密密的汗珠，可志愿者们干劲十足，没有一个叫苦叫累的。他们经过3个多小时的清理，把西西蒋村至富平庄村一段的朱龙河岸清理得干干净净。

通过此次活动，"绿水青山就是金山银山""生态兴则文明兴"的理念在同学们的心中牢牢地扎下了根，增强了同学们的生态保护和志愿服务意识。同学们纷纷表示：我们一定要经常性地向村民及过往行人宣传"保护母亲河"的意义，争当河小青，常态化地自觉开展保护母亲河的活动，为打造绿色方城、建设美丽富饶的家园贡献青春和热血。

● 新桥中学阅读红色经典，培育家国情怀

暑假里，兰山区临沂新桥中学开展了"同读红色经典，培育家国情怀"活动，引导学生和家长一起阅读红色经典书籍，以此来培养学生及家长的爱国情怀。

临近放暑假，该校就向学生及家长推荐了《闪闪的红星》《鸡毛信》《两个小八路》《野火春风斗古城》《青春之歌》《红岩》等红色经典书籍，倡导学生和家长共同阅读。在此基础上，我校还发动学生和家长共同写出阅读感悟或体会，学习革命勇士对祖国的挚爱之情，抒发自己缅怀先烈、热爱祖国的心声。与此同时，我校还引导学生和家长将共同阅读的红色经典故事讲出来，以此感染更多的身边人参与到这一活动中，共同传承红色美德。

通过共同阅读红色经典革命书籍，学生和家长纷纷表示，一定要珍惜今天来之不易的幸福、和平生活，奋发有为，报效祖国。

第八章 人文文化

我校始终把对全校教职工的关怀作为重点工作来做,使全体教职工以校为家,将自己的聪明才智自觉奉献于教育事业。我校特别注重反映和维护教职工的根本利益,充分保障他们的民主权利和其他权利,做职工的贴心人,时刻倾听他们的心声,努力为教职工排忧解难,关心他们的工作、生活和身心健康。学校管理民主化、人文化,受到了全校教职工的一致好评。

第一节 浓浓敬老情

● 九九重阳节 浓浓敬老情
——临沂新桥中学举行退休教师座谈会

为进一步弘扬中华民族尊老、敬老、爱老的传统美德,让退休教师度过一个快乐祥和的重阳节,2019年9月28日上午,临沂新桥中学举行了以"话重阳、迎国庆"为主题的重阳节退休教师座谈会。

座谈会上,校长全宗旭首先代表全体师生向退休教师送上了节日问候和祝福,对退休教师为教育事业奉献终生的精神表示敬意和感谢,并向老教师汇报了学校的发展情况,最后希望大家保重身体,常回"家"看看,为学校未来的发展献言献策。

新桥中学第四任校长刘夫恕在发言中对学校日新月异的变化和取得的可喜成绩表示肯定，并对今后学校的发展提出了好的建议。

新桥中学第五任校长曹广富对学校举行老教师座谈会表示感谢，高度肯定了学校一年一度举行退休老教师座谈会的行为。

老领导、老教师刘国龙感慨，由于退休后的几年一直在与疾病作斗争，没能继续为学校做贡献，但他把最美好的时光都奉献给了学校的教育事业，他的心永远与新桥中学在一起。

老领导、老教师刘兆华深情回顾了在学校工作中的点点滴滴，并对学校长期的关心表示感谢。同时，也为学校在新的领导班子的带领下不断取得新成绩感到振奋，为学校各方面设施逐年更新完善感到高兴。

王义祥老师是建校之初即来任教的建校元老，他说临沂新桥中学的发展是几代人共同奋斗的结果，在这里，他们曾挥洒着汗水，艰苦创业，在一片荒地上建起了一座学校；在这里，他们把青春和智慧献给了学生和学校。

老教师们怀着对学校的深厚感情，真诚交流、畅所欲言，感谢学校的关心，并对学校的工作给予了高度评价，对学校的下一步发展充满了信心和希望。

50多位退休老教师欢聚一堂，他们追忆往事，互道祝愿。很多老教师深有感触地说：我们虽然退休多年了，但学校仍然牵挂着我们，关注我们的健康，关心我们的生活，让我们依然享受着党和组织的阳光雨露，我们很感激。

"夕阳无限好，晚霞别样红。"在临沂新桥中学的建设和发展过程中，老教师们付出了辛苦的劳动，投入了很多心血，他们的优良作风、道德品质激励后来人不断地学习。

座谈会结束后，校长全宗旭，副校长李玉峰、杨洪祥，工会主席王立功带领老教师们参观不断变化中的校园。

校长全宗旭边介绍学校的规划，边热情邀请老教师们以后经常到学校转转看看，指导工作，关心支持学校的发展。

看到学校新建的综合大楼、男女生公寓，老教师们无不感叹临沂新桥中学发生了翻天覆地的变化。

青山着意化为桥

　　老教师们手拉手一起走的画面，让人动容。

　　一杯清茶叙真情。此次重阳节退休教师座谈会，增进了学校与退休教师的感情沟通，温暖了退休教师的心，让退休教师感受到了组织的关爱，弘扬了尊老爱老的中华美德。我们也衷心祝愿老教师们身体健康，生活幸福！

第二节　我校开展重阳节走访老教师活动

　　九九重阳节，浓浓敬老情。在重阳节到来之际，为表达学校对退休老教师的关怀，临沂新桥中学党支部书记、校长全宗旭，副校长李玉峰、杨洪祥，工会主席王立功同志带上慰问品，对退休老教师进行走访慰问，向他们送上节日的美好祝福。

　　每到一处，校长全宗旭都详细询问老教师们的生活、身体等情况，感谢他们为学校做出的贡献，祝福老教师们幸福安康。同时也向他们介绍了学校近年来的发展变化及所取得的成绩。老教师们对学校的关怀表示感谢，为学校近年来所取得的成绩感到由衷的高兴。

　　在走访过程中，学校领导与每一位老教师都进行了亲切交谈，并反复叮嘱老教师们要保养好身体，安享晚年。

　　在王如常老师家里，王老师高兴地说，学校领导一班人慰问走访退休老教师，送上节日的祝福，不仅让他们体会到学校与社会的关怀，更弘扬了尊师重教的优良传统，让退休老教师们感受到身为一名人民教师的光荣和幸福。

　　学校通过开展重阳节走访慰问活动，营造了浓厚的节日氛围，传承了敬老爱老的传统美德；让退休老教师们切实感受到了来自学校大家庭的温暖，感受到了晚年生活的幸福。

第三节　我校举行支教教师欢送会

为感谢支教老师对学校所做出的努力和贡献，2020年7月13日上午，临沂新桥中学在二楼会议室召开座谈会，欢送支教教师李远坤。校长全宗旭，副校长李玉峰、杨洪祥、王立功及全体教干、九年级数学教师参加座谈会。

座谈会气氛热烈，校长全宗旭对李老师的工作给予了肯定，并感谢李老师一年来对临沂新桥中学无私的奉献，感谢他把好的工作经验、教学方法和先进的教育理念毫无保留地带到新桥中学。

支教老师李远坤回顾了一年来的支教工作，对学校领导、老师无微不至的关怀、照顾表示衷心的感谢。他说，能在美丽的新桥中学和善良淳朴的师生一起共同学习、生活，这是自己最大的收获。

九年级年级主任张仁锴致感谢辞后，校长全宗旭为李远坤老师颁发刻有"远坤支教献真情，化桥育人印初心"的奖杯。

支教教师李远坤2019年9月从条件优越的城里学校临沂六中来到乡村中学支教，一年来，他用高尚的师德、精湛的业务、无私的奉献，充分发挥专业水平，利用多年从教经验为临沂新桥中学的教育发展做出了贡献。课堂上，有他认真上课、和学生们互动交流的身影；课堂外，有他耐心辅导后进生学习的情形；校园里，有他积极参与学校活动的足迹。他不因为支教时间的短暂而敷衍了事；不因为课程安排的多少而讨价还价；不因为学校条件的简陋而挑三拣四。李老师真诚谦虚、认真务实、严谨创新地教导学生、参与教研，成效显著，受到师生的一致好评。

希望李远坤老师继续发挥桥梁纽带作用，加强交流与合作，在以后的工作中，继续支持临沂新桥中学的发展，守正创新，攻坚化桥，共同创造新桥教育事业的美好明天。

第四节　我校举行教师集体生日会

为推动学校文化建设，真正将学校的暖心工程落到实处，增强教师的归属感与集体荣誉感，提高老师们的幸福指数，更为感谢老师们一直以来的辛勤付出和努力，2020年7月1日上午，临沂新桥中学在二楼小会议室为因疫情而推迟生日会的老师们举行了一场别开生面的生日party。

上午11点整，随着现场优美欢快的音乐，31位二、三、四月份出生的老师们陆续来到小会议室。

随着主持人的热情开场，生日会拉开了序幕。

副校长王立功宣布生日名单后，学校给每位过生日的老师赠送了一本热销的教育专著——《教育，向美而生》。小细节彰显大关怀，这份特殊的生日礼物，寓意着教师们能在教育中实现自己的目标，绽放自我的光芒，向美而生、向美而行、化桥育人、成人之美，最终达到美美与共的理想目标。

接下来由校长全宗旭为现场过集体生日的老师们送上最真挚的祝福，感谢所有老师为学校的辛勤付出。张美忠老师作为教师代表发言。

整个生日会简单却不失隆重，大家的脸上都洋溢着幸福的笑容，过生日的老师们纷纷表示："过了一个好有仪式感的生日！"相信教师集体生日会上的温馨时刻，不仅能留在每一位教师的心中，也会芬芳今后的教育路程。

此次教师集体生日会的成功举办是学校致力于丰富教师生活、关爱教师的体现，也是临沂新桥中学创建校园文化，贯彻以人为本的管理理念，体现人性化管理的举措之一，这将在提升广大教师的凝聚力、职业认同感和幸福感等方面起到积极的促进作用。

第五节 我校组织收看"小屋见大爱 '喂'爱加油——世界母乳喂养周宣传活动"现场直播

每年的8月1—7日是世界母乳喂养周。2020年8月1—7日是第29个世界母乳喂养周,主题为:"支持母乳喂养,守护健康地球。"旨在呼吁社会各界更多关注母乳喂养,重视母乳喂养与环境保护和气候变化之间的重要关联,激励大家通过支持母乳喂养来改善地球和人类的健康。

为促进职场妈妈坚持母乳喂养,加强女职工休息哺乳室建设,宣传解读母乳喂养理念知识,8月5日下午3点,临沂新桥中学组织部分女职工,主要是备孕妈妈、孕期妈妈、三周岁以内孩子妈妈收看了"小屋见大爱 '喂'爱加油——世界母乳喂养周宣传活动"现场直播。

准妈妈和宝妈们通过观看直播,认真学习了母乳喂养的好处、促进母乳喂养成功的措施、喂哺技巧、母乳喂养过程中常见的乳房问题及处理方法等方面的内容。母乳是妈妈给宝宝最好的"干粮",其含有的营养成分不仅对孩子的生长发育有很好的促进作用,还能保护宝宝的肠胃,适合孩子的消化吸收。母乳喂养,不仅有助于宝宝和妈妈之间建立良好的母子情感基础,而且对宝宝建立健康的心理也起着至关重要的作用。

通过观看直播,准妈妈和宝妈们不仅掌握了科学母乳喂养的技巧以及相关育儿知识,还了解了母乳喂养的重要性和必要性,同时更加坚定了母乳喂养的信心与决心。这一直播收看活动,对促进职场妈妈坚持母乳喂养、推动共建共享家庭友好型工作场所起到了很好的促进作用。

第六节 "希望小屋"捐赠仪式在我校举行

2020年12月31日,泰鲁城投集团"希望小屋"公益项目捐赠仪式在临沂新桥中学化桥楼二楼小会议室举行,方城镇人民政府副镇长鲁士朋、泰鲁城投集团金融管理中心总经理兼集团办公室主任许磊、泰鲁城投集团开发合作中心总经理兼金融管理中心副总经理黄成龙、泰鲁城投集团人事部经理王桂香、兰山区教育和体育局资助中心主任宋金贵、兰山区教育和体育局资助中心副主任王敏、临沂新桥中学党支部书记、校长全宗旭出席捐赠仪式。

临沂新桥中学党支部书记、校长全宗旭对爱心企业的善举表示感谢,他说,泰鲁城投情系教育,捐资助学,这样的美德必将为孩子们送去美好的希望和温暖,这样的善举必将在社会上产生积极的影响。同时他也希望受资助的孩子们努力学习、传递爱心、成人达己,将爱心转化为对社会的责任心。

受助学生对爱心企业的帮助表示衷心的感谢,他们纷纷表示,要珍惜学习机会,刻苦学习,自强、自立,努力成为对国家有用的栋梁之才,回报社会和帮助过自己的人。

爱心捐赠,传递的是爱心,营造的是希望。相信今天的捐赠活动,一定会架起泰鲁城投集团和各级党委政府以及学校之间互联互通、合作共赢的同心桥、友谊桥、高架桥、立交桥。临沂新桥中学将以此次捐助活动为契机,教育广大师生提高化桥成人之美的境界,用情怀做教育,把教育当善事做,用良好的校风影响和带动一方民众向上向善的家风民风乡风。也希望能有更多的企业家及各界仁人志士加入到扶贫助学行列,共筑爱心长城。

后 记

《青山着意化为桥》一书，在中共兰山区委教育工委及方城镇党委的正确领导下，在有关专家的亲切关怀、指导下，经过全体编纂人员的辛勤努力，终于完成了书稿。《青山着意化为桥》的出版、发行，是我校文化发展史上的里程碑，标志着学校文化建设取得阶段性成果。

早在去年暑假，我们就有了编纂《青山着意化为桥》的打算，对此，我们依托校史办公室，成立了以我校中层教干和校史办公室全体工作人员组成的编纂小组。全体编纂人员按照分工，精心收集资料，加班加点，终于于2020年年底完成了初稿。初稿完成后，我们又聘请相关专家来校指导，统一思想，指明了修改编纂方向。于是，2021年1月，我们全体编纂人员挑灯夜战，对初稿进行了详细修改、编排，经有关专家和出版社领导、编辑的审核，最终定稿了。

关于《青山着意化为桥》编写的初衷、目的、意义，《中国教育报》山东记者站副站长，山东体育学院马克思主义学院副院长、教授、硕士生导师，山东省教育系统党建专家库专家张兴华同志，在"序"中已进行了详细解说，在此我就不再赘述。

《青山着意化为桥》的编纂完成，得益于各级领导的高度重视和鼓励支持；得益于张兴华站长和《山东教育报》（中学生）主编殷雪梅的精心指导；得益于兄弟学校的鼎力相助；得益于全体编纂人员的不辞辛劳。在此，我谨代表全体编写人员向给予我们指导、帮助的单位、个人表示衷心的感谢！

由于经验不足，水平有限，再加上时间紧、任务重，其中的缺点和不足在所难免，恳请各级领导、专家、读者批评指正。

全宗旭 2021 年 3 月于临沂